ZUM SCHLUSS. EIN VORWORT.

Oft wird uns Menschen in Mittel- und Westeuropa vorgehalten, wir würden den Tod verdrängen, er sei zum Tabu geworden. Daran mag stimmen, dass wir für das Ableben der anderen kein gesteigertes Interesse mehr entwickeln, dies möge sich am besten im Kreise von geschultem Pflegepersonal in den dafür vorgesehenen Einrichtungen abspielen. Doch der eigene Tod, der beschäftigt uns sehr wohl. Gerade mit der steigenden Lebenserwartung haben wir viel mehr Zeit und Gelegenheiten über das Dahinscheiden nachzudenken. Das finale Problem für Kunst- und Kulturfreunde wie unsereinen ist es daher nicht, dass wir sterben müssen, sondern dass sich unser Musikgeschmack im Laufe des Lebens – und womöglich sogar im Laufe des Sterbens – ändern könnte. Wir schreiben im Angesicht des Todes nicht unsere Testamente um, sondern unsere Playlists.

Rituale rund um das Begräbnis hat es seit jeher gegeben, man denke nur an die bezahlten Klageweiber im alten Ägypten, ein Brauch, der teilweise noch heute in Lateinamerika beobachtet werden kann. Interessant ist auch die Kultur des Totentanzes, in manchen heimischen Kirchen in Form von Malereien zu besichtigen. Seit 2002 gibt es übrigens auch in Österreich eine eigene Delegation der europäischen Totentanzvereinigung (kurz ETV-A genannt), die sich akribisch mit der Dokumentation beschäftigt und damit auch die Tabuisierung des Sensenmannes bekämpft.

Die Musik ist in fast allen Kulturen ein wesentlicher Teil der allerletzten Feier, die einen großen Nachteil hat: Man ist als Gastgeber nicht mehr anwesend, um ins Programm einzugreifen, man muss also ante mortem genaue Instruktionen erstellen, um nicht am Ende mit tödlich langweiligem Kitsch vom Band in die Erde zu sinken. Bei einem Begräbnis vor rund zehn Jahren musste ich das erste Mal konkret an die Musikauswahl denken, die bei meinem Abschied gespielt werden soll. Ane Brun mit »All my tears« und Alela Diane mit »Tired feet« liegen zurzeit auf den Top-Plätzen meiner Last Charts. Nennen Sie mich morbid, aber ich prüfe viele neue Songs auf ihre Begräbnis-Tauglichkeit. Man weiß ja nie. Ich zum Beispiel hätte nie gedacht, dass ich eines Tages an einem Buchprojekt wie diesem arbeiten werde. Und daran ist niemand anderer schuld als Wolfgang Pollanz.

Eines Tages im Spätherbst des Jahres 2013 tauchte er nämlich bei mir auf und erzählte mir von seiner Idee, letzte Lieder in Buchform zu sammeln. Wir erstellten eine Liste von Leuten, die uns sowohl eine starke Affinität zur Musik als auch zur Literatur zu haben schienen. Und vor allem: die bei diesem Thema nicht sofort mit dem Argument »zu makaber!« absagen würden. Obwohl wir beide Steirer sind, war uns bald klar, dass das Thema nirgendwo mehr Platz im Denken einnimmt als in Wien. Daher freuten wir uns ungemein über die Zusage des Milena Verlags, die Anthologie zu publizieren. Die Auswahl der Autorinnen und Autoren, an der auch Verlegerin Vanessa Wieser mitarbeitete, war gnadenlos subjektiv und wird uns womöglich die eine oder andere Freundschaft kosten. Nicht gefragt zu werden, wenn es um Leben und Tod geht, das trifft mitten ins Literatenherz.

Sie werden auf den folgenden Seiten viele sehr verschiedene letzte Songs, vor allem aber auch sehr unterschiedliche Zugänge zum Thema finden. Ein Autor, bei dem wir uns gänzlich anderes erwartet hätten, wünscht sich zwar Musik zum Sterben, will aber bei seinem Begräbnis nichts als Stille. Ein anderer erinnert sich beim Nachdenken über den finalen Musikwunsch vorrangig an die Traditionen im Dorf der Eltern und an den Tod, der ihn bereits im Alter von wenigen Monaten das erste Mal um ein Haar erwischt hätte. Und eine dritte sinniert darüber, ob es den Besuchern der Abschiedsvorstellung zumutbar wäre, eine musikalische Hommage an Al Capone samt Schusswechsel aus den Lautsprechern zu vernehmen.

Sie werden über die Schwierigkeiten lesen, aus der Unmenge an global vorhandenem Liedgut genau das passende Stück zu wählen – und diese Entscheidung über Jahre und vielleicht sogar Jahrzehnte vor sich selbst zu rechtfertigen. Sie werden mit der Frage konfrontiert werden, wer eigentlich die Zielgruppe für den »last song« sei, da es einem selbst ja in diesem Moment eigentlich reichlich egal sein könnte … Es scheint, als hätten sich sämtliche Autorinnen und Autoren dieses Buches seit Langem mit diesem Thema beschäftigt und wir hätten nun lediglich den Anstoß dafür geliefert, eine ausführliche Begründung für dieses Abschiedslied zu formulieren.

Wir danken an dieser Stelle allen, die uns nicht nur Texte zum Thema versprochen, sondern auch zeitgerecht geschickt haben. Viele haben, das merkt man auch beim Lesen, diese Gelegenheit genutzt, um gleich der Nachwelt auszurichten, was im fraglichen Moment zu geschehen habe. Das macht uns auch deshalb froh, weil es den Buchabsatz im familiären Umfeld der Autorinnen und Autoren ankurbeln sollte.

Wir danken außerdem den Fotografinnen und Fotografen aus dem Umkreis des Instagram-Netzwerkes #igersaustria, die der Einladung von Koordinator Claudio Pribyl gefolgt sind und uns ihre Bilder über das Abschiednehmen zur Verfügung stellten. Dem grandiosen Zeichner Jörg Vogeltanz, schon wieder ein Steirer, sei ebenfalls gedankt für sein lateinamerikanisch inspiriertes Cover, das uns davor bewahrt, beim Betrachten des Buches in Trübsal und Selbstmitleid zu verfallen.

Nun will ich Sie nicht länger von der Lektüre abhalten – nur eines noch: Schicken Sie uns doch auch Ihr Abschiedslied per E-Mail an den Verlag oder posten Sie es auf unserer Seite

www.facebook.com/meinletzteslied

– wir werden solcherlei Zusendungen in geeigneter Form sammeln und die endgültigste Playlist des Landes erstellen. Wer weiß, vielleicht bieten eines Tages Bestatter auf Basis unserer Sammlung Jukeboxes an, für Leute, deren letzter musikalischer Wille unklar blieb. Genug davon: Auf zum letzten Lied!

Wolfgang Kühnelt

@uwa2000

Martin Amanshauser

LASST MICH EIN PAAR WORTE ZUR MUSIK SAGEN

Werte Gäste, liebe Freunde, ihr habt euch versammelt, um mir nachzutrauern und anschließend fröhlich zu sein. Solange das nicht ausgestanden ist, könnt ihr ruhig einen Blick nach vorne werfen. Ich sehe anders aus, komme in anderer, schlechterer Form zu euch, aber ich bin es. Diesmal in neuem Zustand, aber durchaus noch fähig, Worte an euch zu richten. Ich ließ diese Veranstaltung für euch organisieren, ich zahle sie, also aufgepasst, Freunde und Freundesfreunde, Trauernde und Gleichgültige, Aufgerüttelte und Gähnende! Es ist schlimm, nicht unter euch zu sein. Es ist traurig, keinen Einfluss mehr zu nehmen. Nicht nur traurig – geradezu ärgerlich. Ihr alle zusammen seid eine Party, an der ich nicht teilnehmen kann, sorry, verzeiht, ich hab keine Zeit, hab keine Lust, bin woanders, konnte euch nur ein paar Anordnungen hinterlassen.

Die Leute wünschen sich zu ihrem Begräbnis meistens »Imagine«. Aber ich finde, dieser Song soll in den Einkaufszentren bleiben, wo er sich eingenistet hat. Er muss ja nicht überall sein. Wozu haben wir Lennon denn erschießen lassen? Doch nicht, damit er in unserer letzten Stunde das Haupt erhebt und uns daran erinnert, dass alle miteinander in Frieden leben sollen. Will ich denn, dass nach meinem Tod alle in Frieden leben? Sollen nicht vielmehr überall, wo es möglich ist, blutige Konflikte aufflackern, ganze Landstriche und Völker ausradiert werden, euer Erdball ins Schlingern geraten und mit dem nächsten heranfliegenden Himmelskörper zusammenkrachen, sodass die Erschütterung bis ins letzte Büro Turkmenistans zu spüren ist? Sollen nicht Feuerstürme euch verschlingen, soll nicht von euren Städten bleiben, der durch sie hindurchging, der Wind?

Ich war im Jahr 2013 bei zwei Begräbnissen von Menschen, die in meinem Leben eine größere Rolle gespielt haben. Bei beiden Begräbnissen hörte ich ehrlich gesagt während der Feierlichkeit an einem gewissen Punkt auf, an die Verstorbenen zu denken. Ich stellte mir stattdessen vor, wie mein eigenes Begräbnis ablaufen würde. Fühlt euch frei, ähnliche Überlegungen zu hegen. Wer säße bei eurem Jammertag hier in der ersten, in der zweiten Reihe, wer wäre untröstlich, wer indifferent, welche Hundlinge unter den Gästen dächten wieder nur an sich? Leider kam mir bei meinem Gedankenspiel der Gedanke dazwischen, dass ich Kinder habe. Der war nicht leicht auszuhalten. Andererseits will ich mir mein Begräbnis ohne meine Kinder nicht vorstellen. Man muss darauf hoffen, dass die Veranstaltung komplett (und möglichst spät im Leben) stattfindet, denn den umgekehrten Fall – dem Begräbnis der eigenen Kinder beizuwohnen – würde jeder von uns mit aller Macht verhindern wollen.

Was wünscht sich einer, wenn alle Gelegenheiten zum Wünschen aufgebraucht und konsumiert sind? Ein Freund von mir besteht darauf, dass bei seinen Trauerfeierlichkeiten »Ba-Ba-Banküberfall« von der EAV abgespielt wird. Er hat das bereits testamentarisch verfügt. Kann leicht sein, dass es anders kommt. Bekanntlich ist niemand verpflichtet, den letzten Willen Verstorbener zu achten. In meinem Fall würde ich euch allerdings durchaus raten: Spielt die Musik, die ich für euch ausgewählt habe. Ein einziger »last song« reicht mir nicht, sonst füllt ihr ja den Rest der Veranstaltung mit Clayderman oder Mozart auf, und am Ende kommt gar noch ein Kleriker zu Wort, der euch tröstet. Es gibt jedoch keinen Trost – ihr alle liegt dort vorne flach.

Hier, Ex-Zeitgenossen, Aasgeier, Menschen, Freunde, hab ich euch eine *Funeral Playlist* hingekritzelt. Sechs kurze Lieder gehen sich aus. Drückt eure Tränen weg, der Nachbar schaut rüber, oder falls ihr keine habt, drückt sie heraus, der Nachbar observiert! Habt ihr schon Hunger? Nach durchgestandener Veranstaltung werdet ihr auf meine Kosten speisen. Falls ihr jetzt schon plant, anschließend mit dem euch eigenen kindlichen Eifer eure Publikationen, Knieverletzungen und Computerprobleme zu besprechen, bedenkt, wie unhöflich es ist, wenn bei solchen Anlässen zur Tagesordnung übergegangen wird. Ich, der ich hier im hässlichen Holz vor euch zu liegen scheine, habe diese Abwendung vom vorherrschenden Tagesthema (dem Tod) immer seltsam gefunden. Überlegt euch, ob ich da drin bin, oder was da drin ist, und denkt darüber nach, wo ich nun auf euch warte. Man trifft sich im Leben zweimal, und danach bitte ein drittes Mal, und bei dieser Gelegenheit werde ich euch fragen, wie die Party ohne mich so ablief. Also besser nicht gegen die Anordnungen verstoßen, sonst sende ich euch womöglich Asteroiden, Talibans und eine Bande schwarz gekleideter Hollywoodstars mit Kalaschnikows und Bärten, deren entschlossenes Einschreiten das feierliche Gedenken an meine rechtschaffene Person durch kleinere Erschütterungen und Explosionen begleitet. Wäre schade um euch, werte Gäste.

PLAYLIST FUNERAL:
01 Chris Garneau, Black and Blue [in: Music for Tourists]
02 Barbara Manning & the Go-Luckys, Isn't Lonely Lovely [in: Homeless Where The Heart is]
03 Hefner, Love will Destroy us in the End [in: Breaking God's Heart]

04 Amanshauser & Wenzl, Auf der falschen Seite von Ikebukuro [in: Auf der falschen Seite von Ikebukuro]
04 Mekons, Keep on Hoppin' [in: Mekons Honky Tonkin']
05 Chris Garneau, Relief [in: Music for Tourists]
06 They Might be Giants, Ana NG [in: Lincoln]

@curtiscovers

Fritz Ostermayer

HIER KOMMEN DIE GLOCKEN!

»Das Füttern der Toten mit Noten ist verboten.«
Burgenländisches Sprichwort

»Sterbende mögen keine ›nasalen‹ und ›quäkenden‹ Stimmen, ebensowenig ›schnarrende‹ oder ›sägende‹ Klänge« – verkündete der texanische Psychoakustiker Max Neuhaus 1980 und bewies damit nur, dass Weisheit sich gern mit Binse paart. Gieren doch auch Lebende in der Regel nicht nach unangenehmen Frequenzzusammenballungen, es sei denn das Sägen kommt von einer elektrischen Gitarre und das Quäken von Bob Dylan. Neuhaus – ein Propagandist sogenannter »soft frequencies« – entwickelte 1978 eine weniger »nervtötende« (»*soul-destroying*«) Sirene für amerikanische Polizeifahrzeuge, die jedoch nie zum Einsatz kam, weil mit der Entschärfung des Sounds auch ein Autoritätsverlust der Exekutive befürchtet wurde. Nur ein bedrohliches Klangdesign verschaffe Respekt, so dachten die Sirenen-Hardliner wohl und kümmerten sich nicht weiter um den Schlaf der Gerechten.

Seit Jahrzehnten versuchen Mediziner und Psychoakustiker wie Neuhaus auch das Leid von Todkranken mit »soft frequencies« zu lindern. In den Hospizen der USA verstand man darunter lange ein New-Age-artiges Gewaber ohne instrumentale Spitzen, vorzugsweise eingespielt auf dem dafür geradezu prädestinierten Yamaha DX7-Synthesizer mit seinen mittelfrequenten Flöten- und Streicherklängen. Der Kuschelsound kam jedoch nicht an: weder bei den

Moribunden noch bei deren Angehörigen. Der Denkfehler der sonischen Schmerzlinderer bestand schlicht darin, den Sterbenden auf einen psychoakustischen Idealtypus ohne eigene musikalische Biografie zu reduzieren. Krebsopfer im finalen Stadium können jedoch recht störrisch sein – und resistent gegen akustische Bevormundung. Als man um 1995 auch in Österreich damit anfing, Sterbezimmer mit ätherischen »soft frequencies« zu beschallen, weigerte sich so mancher Todgeweihte mit letzter Kraft gegen diese fremden Sounds, die nie zu seinem Leben gehört hatten und somit auch beim Sterben nur (ver)störten. Das medizinische Personal lernte daraus, dass es trostvoller sein könnte, den Patienten ihre Lieblingslieder aus besseren Zeiten vorzuspielen. Seither wuchern die Metastasen zu den Schlagern von Peter Alexander, sterben die armen Menschen zum »Zillertaler Hochzeitsmarsch« und die ersten wahrscheinlich auch schon zu »Ein Stern, der deinen Namen trägt«. Ein Jammertal, zweifellos, gegen das ich mich mit einem unter dem Polster versteckten Revolver zu wehren wissen werde. Bis aufs Blut, wenn's denn irgendwie noch geht.

Beim Sterben – hört her, meine Lieben – will ich nämlich meine Ruh'. Da brauche ich keinen Black Metal mehr als Hardcore-Palliativtherapie und auch keine »soft frequencies«, selbst wenn sie von Brian Enos bislang noch unveröffentlichtem Ambient-Meisterwerk »Music To Fade Away« stammten. Ich wäre schon zufrieden, wenn die *musique concrete* der Medikamentenpumpen, Beatmungsgeräte und sonstigen Gerätschaften einer Intensivstation meinen dann hoffentlich gnädig sich einstellenden Komatraum vom »Licht am Ende des Tunnels« nicht allzu sehr verdunkeln würde. Würde! Genau – Sterben in Würde heißt auch zu akzeptieren, dass alle Volume-Regler nunmehr auf null stehen.

*

Post mortem ist freilich alles anders, weil: eh schon wurscht.

Deshalb folgt hier eine unvollständige Liste jener Begräbnismusiken, mit deren Hilfe ich meine Angehörigen und Freunde ins Leben zurückterrorisiert und mich ins Grab hineinkatapultiert wissen möchte:

– meine geliebten Feldaufnahmen einer Horde Brüllaffen aus Borneo: ein zeitloses Dokument unzähmbarer Renitenz und gnadenlosen l'art pour l'art-Lärmens.
– ein Tondokument vom Jahrestreffen der internationalen »Quer- und Blockflöten-Association«: Angsteinflößender und grausamer kann auch die Hölle nicht sein.
– eine Kassette mit frenetischen Jubelgesängen der letzten Kannibalen aus Neuguinea: für die tröstliche Erkenntnis, dass man auch als Leichnam noch nützlich sein kann, und sei es als Eintopf.
– eine CD mit entsetzlichen Klagelauten geschlechtlich abgewiesener Flussotter-Männchen: als letzter Aufschrei gegen alle sexuelle Ungerechtigkeit dieser Welt.
– eine Single der ekelhaften »Guns N' Roses«: Damit die Trauergäste wirklich was zu leiden haben.
– mein hochverehrtes Zahnarztbohrmaschinen-Orchester »Parodontose 3000«: hunderte amusische Dentisten im erbarmungslosen Kampf gegen Karies und für immerwährendes Ohrensausen.
– eine Endlosschleife mit dem berühmten Wassertropfen, der dem Gefolterten tagelang aufs Haupt donnert: als endgültige Absage an das beängstigende Konzept »Ewigkeit«.
– millionenfach verstärkte Aufnahmen von Verwesungsbakterien

bei der Schichtarbeit: ein gigantischer Chor Werktätiger im Dienste der allumfassenden Entsorgung.
– mein unbezahlbares Tonarchiv »finaler flati«, abgespielt mit 160 Dezibel: als schmerzhafte Warnung, dass es sich auch für die Hinterbliebenen irgendwann ausgefurzt hat.
– das bittere Schluchzen eines Basstölpels am Ende der Balzzeit: dies allein für den Trost, dass irgendjemand mir doch nachweint – und sei es ein frustrierter Basstölpel.
– und nicht zuletzt – Schallaufnahmen von Demagogen, Populisten und anderen Volksverhetzern samt Beifallsgeblök der aufgehetzten Massen: dies in der Hoffnung, dass es so auch den Nachgeborenen einmal leichter fallen wird, einer beschissenen und unbelehrbaren Arschlochwelt ade zu sagen.

*

»Keine Trauermärsche?«, fragt jetzt vielleicht der eine oder andere, der meine Obsession für diese letalen Smash-Hits kennt. Keine Trauermärsche! Es soll keine unnötige Träne auf Reisen gehen und hässliche Salzkrusten auf der Kleidung hinterlassen. Das wär ja noch schöner! Ganz im Ernst: Wer zu Lebzeiten kein Kontrollfreak gewesen ist, der wird auch am Ende nicht auf den Terror Pawlow'scher Reflexe setzen, um so die Gefühlshaushalte der Trauergäste noch über den Tod hinaus zu beherrschen. Das letzte Lied gehört allein den Lebenden, also sollten sie – falls denn überhaupt erwünscht – das Recht haben, sich eins auszusuchen.

Einen Tipp in aller gebotenen Demut hätte ich freilich schon: »The Bells« von Lou Reeds gleichnamigem Album aus dem Jahr 1979. Drei absteigende Basstöne, immer und immer wieder, neun

Minuten lang. Dazu die dröhnende Leere erstarrter Synthesizer-Drones, erhebend und niederschmetternd zugleich. Darüber müd-euphorisches Free-Jazz-Gebläse aus Don Cherrys Taschentrompete und Marty Fogels Tenorsax, das den Eindruck eines schockgefrorenen Tableaus eher noch verstärkt denn mindert. Wenn hier Tränen fließen, dann sind die aus Quecksilber. Erst nach fünfeinhalb Minuten setzt die Stimme ein – klagend, weil sie nicht anders kann, pathetisch, weil es der Text so will. Dieses Pathos beschwört in einer mühsam sich hochhantelnden Spiralbewegung sowohl den Untergang als auch – welch kalte Ekstase! – die Lust an diesem: Denn wenn die Glocken kommen, wird alles gut. Und das ist Balsam auch für meine atheistische Seele.

... when he fell down on his knees
after soaring through the air
with nothing to hold him there
it was really not so cute
to play without a parachute
as he stood upon the ledge
looking out, he thought he saw a crock
and he hollered: look, there are the bells
and he said: now here come the bells
here come the bells
here come the bells
here come the bells ...

Martin Blumenau

MEIN LETZTES LIED

Gestorben-Sein ist ja nicht schlimm für die Toten; nur für die Überlebenden, die dann ein Begräbnis ausrichten/überstehen müssen. Die brauchen nämlich Kraft, positive Energie, einen Kick zurück ins Leben, einen Soundtrack, um sich im Angesicht der Trauer die Größe der Existenz bewusst zu machen.

Dafür gibt es einen optimalen Song, den man durchaus in einer Endlosschleife immer wieder spielen kann; auch weil er selber im Gefühl badet, nie aufhören zu müssen, sondern immer weiterzugehen: und ein solches Gefühl zu verbreiten, ist für ein Begräbnis nötig, wenn nicht verpflichtend.

Von diesem sehr lässigen Song gibt es nur eine, ganz spezielle Version, die das alles kann. Ich hab das Original, die Studioversion davon, nie so geschätzt und auch die vielen Live-Versionen sind so na ja, auch die auf »It's too late to stop now«. Zum Glück war an dem Abend am 25. November 1976, als die beste Version aller Zeiten performt wurde, der Martin Scorsese mit seinem Filmteam da. Es war der Abschiedsabend für *The Band*, die famosen Folk/Rock/-Country/Roots-Runderneuerer, die so lange Zeit in symbiotischer Verbindung mit Bob Dylan standen.

Und er, er war der letzte Gaststar in diesem »Last Waltz«, ehe dann Dylan mit seinem großen weißen Hut die Bühne des *Winterland* in San Francisco betrat: Van Morrison, der stimmgewaltige nordirische Soulschreibär. Er hatte zu diesem Zeitpunkt, 1976, fast alle seine Meisterstücke schon abgeliefert: die rohe Frühphase mit *Them*, »Astral Weeks«, das beste Konzeptalbum aller Zeiten, und dann »Tupelo Honey«, »Saint Dominic's Preview« etc.

Morrison versteckte seine zunehmende Pummeligkeit nicht, sondern betonte sie durch ein eng anliegendes Oberhemd und ein Glitzerjackerl, er ließ sich auch von hinten aufs sich anbahnende Glatzerl filmen. Der Mann ist uneitel. Wohl weil er weiß, dass er jetzt gleich das beste Live-Stück aller Zeiten darbieten wird. »Caravan« vom wegweisenden »Moondance«-Album aus 1970.

Morrison springt nach einer Sekunde sofort in seinen Text: *And the caravan is on it's way*, und in der Folge erzählt er ansatz- und hemmungslos von den Freunden, mit denen er da unterwegs ist, von den *merry gypsies* (das ging damals noch so) und der süßen Emma Rose und dass alle »overnight« dableiben, um Musik zu hören und zu tanzen und einander näherzukommen, so rund ums Lagerfeuer, Körpereinsatz inklusive, denn klar, es geht um die *Lady of the night: I shall reveal you!*

Und ohne Genierer singt Van the Man mit, bei der Musik, die – ganz banal, und so einfach – aus dem Radio kommt. Er singt: *La La La La – La La La; La La La La – La La La.*

Dreh' es rauf, schreit er, ja, jetzt ist es gut, jetzt wissen wir, dass es Seele hat – *so you know it's got soul*. Und dann noch einmal, und noch einmal, *do the one more time*, plärrt er, immer und immer wieder, und die Band schwitzt, um den Drive zu halten, und die Bläser prusten ihren Satz, noch einmal und noch einmal, angetrieben von der machtvollen, keinen Widerspruch duldenden Stimme des Van Morrison.

Ich bin ja chronischer Nichttänzer und der schlimmste Feind jener Tanz-Nazis, die glauben, ihr Körpergefühl auf alle anderen übertragen und einen auf den Dancefloor zerren müssen, um sich dann selber auf deine Kosten zu spüren. Ich bin feinfühlig, wenn jemand die Tanzaufforderung von sich gibt. Bei »Caravan« hab ich kein Problem. Weil Morrison niemanden auffordert, sondern dich implizit raustreibt, weil er von sich aus so viel gibt, in voller Emphase, und so dafür sorgt, dass du deine Barrieren fallen lassen kannst; weil er ein Tanzmacher ist.

Im Winterland spielt *The Band* an diesem November-Abend um ihr Leben, um dem Energielevel von Morrison einigermaßen folgen zu können. *Tell me everything I need to know*. Er sagt dir, dass dieses Gefühl der Endlosigkeit, der Leichtigkeit und der Feier des Lebens alles ist, was es zu wissen gilt. Auch schön passend angesichts des Endes. Und dass die Musik just aus dem Radio kommt, ist bei meiner Biografie ja fast ein Treppenwitz. Denn, ja, solange Musik mein Leitmotiv, mein Leitsystem, meine Leitkultur war, hat sie nur existiert, solange sie aus dem Radio kam, das ich mit ihr füttern konnte. *Let me hear the song*!

Außerdem bleibt die »Caravan«, bleiben die Freunde, die *sweet ladies* und die *trickster* und Verführer, bis zum Ende: *It will stay with me until the end*. Und auch das passt dann wieder gut als letztes Lied, wie hier alles passt: Auch das sich verlierende Zwischenstück, in dem Morrison kurz nicht mehr so recht weiß, wo er jetzt genau ist, und dann wie ein Baby zu brabbeln beginnt, ehe er sich wieder drauf besinnt, zu wissen, dass das hier Seele hat. Und jetzt noch einmal, *one more time*. Und dann geht, nein, hüpft Morrison, der sein Gesangmikro am Ende symbolisch immer wieder ins Publikum geschleudert hat, ab. Die anderen, die zurückbleiben, sehen ihm hinterher und spielen den Song noch fertig. Und in meinem Kopf dann gleich noch einmal; und noch einmal, und noch einmal.

Das ist der Ausschnitt:

www.youtube.com/watch?v=vJXVD-nSSKE&feature=kp

Ernst M. Binder

ZUHAUSE ANKOMMEN

ZUHAUSE ANKOMMEN. Endlich, müde, dankbar. Alle guten Ratschläge und Hinweisschilder hinter mir gelassen. Auch die Sprache, diesen Krückstock seit Menschengedenken. Das letzte Atemholen und der erste Schrei werden sich schweigend und beredt umarmen. Es wird ein sanfter Maitag sein mit einem feinen Nieselregen. Das Knirschen der Schritte im Kiesel. Der Birnbaum in Utes Garten wird, knorrig und gebückt, ganz aufmerksam dem hellen Klang des Totenglöckleins lauschen, während ich den geschotterten Weg am Steinfeldfriedhof entlanggetragen werde. Es wird ganz still sein, wenn die paar Leutchen am Grab meiner Frau Marianne angekommen sein werden. Was für ein Glück: Es wird niemandem eine Rede eingefallen sein. Sabine wird ein bisschen weinen und sich erinnern, dass ich sie gebeten habe, sich dereinst auf mich zu legen. Barbara wird traurig sein, dass ich nun keinen Text für sie nach ihrem Tod mehr schreiben kann. Ein bisschen Verlegenheit wird sich breitmachen. Mein Sohn wird auch nicht so recht wissen. Ein Sperling wird sich auf meine Nasenspitze setzen und mich an meinen Augenbrauen zupfen. Es wird derselbe sein, der mir auf meinem Balkon immer auf die Sessellehne gegackt hat. Das unterlässt du jetzt aber gefälligst, werde ich denken, es mir aber verkneifen, was zu sagen. Trotzdem wird die Trauergemeinde aufschrecken und vermeinen, eine (meine?) Stimme gehört zu haben. Aber dann doch nichts. Nichts. Nein, nichts. Wie er es immer vorhersagt hat, werden sie denken; die schweigend Herumstehenden. Nichts. Die Welt ist schöner, als man auf den ersten Blick vermuten würde, wird mir in diesem Moment nach einem letzten Blick gegen den Himmel einfallen. Dann werden sie mich runterlassen in das ausgehobene Erdloch. Einer wird mir nachschauen, vielleicht noch einer und noch einer. Und eine. Oder eine andere. Dann wird das erste Schäuflein Erde auf mich fallen. Ich werde mich von meinem zweiten Vornamen verabschieden. Auf dem Grabstein werde ich dann nämlich wieder nur mehr Ernst Binder heißen. Von fern, von hinter den Hügeln, von der anderen Seite des Flusses, wird Leonard Cohen singen: *So long Marianne, it's time that we began …* Aber niemand wird es hören. Auch ich nicht. Nur die Leser dieser Zeilen.

@bomberclad

Boris Bukowski

BEIM LETZTEN AUFTRITT

Beim letzten Auftritt, beim eigenen Abgang, wenn man selber bereits woanders, oder jedenfalls nicht mehr da ist; wenn der eigene Kadaver in die Grube fährt oder den Medizinstudenten zum Doktorspielen überlassen wird, geht's ja nicht darum, für mich meinen absoluten Lieblingssong zu spielen, den ich ja eh nicht mehr hören kann, weil mir bereits Hören und Sehen vergangen sein wird.

Wenn ich also bereits in der Hölle abhänge oder noch vom Fegefeuer gefegt und für den Himmel umerzogen werde, sind möglicherweise einige Menschen versammelt, um sich von mir zu verabschieden, und in einer stummen Hauptrolle, quasi als Headliner des Tages, darf ich noch einmal die Set-List ausfüllen für den letzten Soundtrack.

Vielleicht einen eigenen Song, eine Art Ego-Epitaph, mit dem mich die Trauergäste in Erinnerung behalten sollen?

Da blieben dann auch die Tantiemen fürs eigene Requiem in der Familie, wenn schon das letzte Hemd keine Taschen hat.

Einen besten Song von mir, der als leiser Wink herhalten soll für den typischen Österreicher, der seinen heimischen Musiker erst dann ins Herz schließt, wenn dieser ihm beweisen kann, dass seine Musik auch nach seinem Tod noch weiterlebt?

Aber welcher Song könnte das sein?

Popmusik hat ja mit Mode und Zeitgeist zu tun, und im Lauf eines Musikerlebens ist man halt manchmal ganz nah am Zeitgeist, und manchmal auch weit weg davon.

Gerade die Songs, die man macht, wenn man ganz nah dran ist, stellen sich oft wenige Jahre später als Lichtjahre entfernt davon dar, eben weil die neue Zeit sich vom alten Geist verabschiedet hat, oder weil der Zeitgeist inzwischen weitergezogen ist und den Song mutterseelenallein zurückgelassen hat, und man am liebsten wo eine Babyklappe suchen möchte, wo man den Schlager anonym weglegen kann.

Gut wäre natürlich auch einer der Songs von mir, die mit ihren Tantiemen immer noch die Rechnung zahlen können für den Leichenschmaus; einen, der noch als Gastgeber herhält, auf dessen Kreditkarte es sich alle noch einmal ordentlich besorgen können, die sich da wegen mir einfinden und nichts Besseres zu tun haben.

Aber diesen Lieblingssong von mir sollte sich jeder selbst aussuchen und beim Heimfahren in den CD-Player werfen, so hört jeder den subjektiv besten.

Ein »letzter Song« wird ja üblicherweise gespielt, um noch einmal einen starken Abgang zu inszenieren, etwa während der Sarg ins Feuer fährt; ein ziemlich endgültiger Augenblick, und diejenigen, die dabei sind und sich das ansehen müssen, sollten dafür auch mit einem guten Song belohnt werden.

Und gleichzeitig sollte ihnen der Song zeigen, dass mein Abgang nicht so schlimm ist; schließlich kann ich in meinem jetzigen Alter schon sagen, dass er nicht ungerecht weil vorzeitig gewesen sein wird.

Also sollte diese Musik meinen Lieben sagen:

Trinkt einen auf mich, ich hab gern gelebt, es war ein spannendes, abwechslungsreiches Leben, mit euch, mit Höhen und Tiefen, und auch wenn ich einiges vergeigt hab, nicht immer das richtige Wort gefunden hab, war es ein Leben voll von Musik und Abenteuern.

Und ich hatte das größte Privileg, das man haben kann:

Ich konnte fast immer das machen, was ich am liebsten gemacht hab: Musik!

Also stellt euch beim Anhören mich als jungen Rockdrummer an der Marschtrommel vor, damit ihr was zum Schmunzeln habt.

Die pathetische Eröffnung zu Beginn soll euch den Abschied erleichtern, indem sie klarmacht, dass dieser Abschied endgültig ist. In diesem Leben werden wir uns nicht wiedersehen.

Und dann wird's verspielt, bald bacchantisch, die Hörner tanzen mit den Bratschen im Dreivierteltakt, und wenn die Geigen mit den übrigen Streichern flirrend zur Ekstase bitten, tritt die Seele endgültig aus dem Körper heraus und fliegt ins Nichts davon auf einer gleißenden Wolke aus Musik, der höchsten Sprache, die schon immer da war und sich den Menschen als seinen Interpreten ausgesucht hat.

Und diese Musik soll euch sagen, dass euer Leben weitergeht und ihr von mir dazu ermutigt, ja lächelnd mit einem Glas Wein in der Hand nachdrücklich dazu aufgefordert seid, jede Freude anzunehmen und abzuholen, die für euch noch am Weg bereit liegt.

Treibt es wild, meine Lieben, und lasst euch eure Neugier nicht nehmen!

Und macht es gut, meine Süßen, ich hab aus dem Vollen geschöpft und genau das sollt auch ihr tun!

Das in etwa soll euch der letzte Song sagen.

Und wenn der Soundtrack abgelaufen ist, wird eingeschenkt.

Nur eines würde ich noch brennend gerne wissen:

Wer ist noch da, wenn die Musik aufhört zu spielen?

Gioachino Rossini, »La gazza ladra«, Ouvertüre, Berliner Philharmoniker & Herbert von Karajan

Linda Stift

ON THE SUNNY SIDE OF THE STREET

Tatsächlich fällt mir die Entscheidung für ein letztes Lied schwer, nicht weil mir der Gedanke an den Tod so schwerfiele, sondern weil in jeder Phase meines Lebens andere Musik wichtig war oder ist. Allerdings bleibt in meinem Kopf nun ein Lied hängen, das ich erst vor drei Jahren entdeckte, obwohl es uralt ist bzw. zwei Jahre älter als ich:

»Don't call me scarface« von *Prince Buster's All Stars*. Es befand sich auf einer Ska-/Reggae-Kompilation, die ich mir zum (wieder) Autofahren (nach 20 Jahren) kaufte. Obwohl mich mit Al Capone nichts verbindet und ich mich bei Mafia-Epen eher langweile, wurde dieser Rhythmus bei mir zum Ohrwurm. Das stakkatohafte »Tsktsktsktsktsk«, anders kann ich es nicht beschreiben, peitschte mich manchmal über den Wechsel – der Tod fährt immer mit – und verursachte das eine oder andere Strafmandat wegen Geschwindigkeitsüberschreitung. Allerdings ist die Botschaft für die Hinterbliebenen ziemlich fragwürdig und wenig tröstlich, zu Beginn Schüsse aus einem Maschinengewehr und Reifenquietschen, dann die Textzeile *Al Capones don't argue*. Ich weiß ja nicht, wie ich sterben werde, aber erschossen zu werden ist vermutlich weniger wahrscheinlich als andere Todesarten wie ein lebensgefährlicher Unfall oder das Erliegen einer schweren Krankheit oder Altersschwäche, aber Schüsse zwischen Mitgliedern einer kriminellen Vereinigung auf einem Begräbnis zu hören, ist in jedem Fall unpassend.

Dann doch lieber »On the sunny side of the street«, das gibt lyrisch mehr her: *Grab your coat and snatch your hat/Leave your worries on the doorstep/Just direct your feet on the sunny side of the street/Can't you hear that pitter pat/And that happy tune is your step/Life can be so sweet on the sunny side of the street.*« Von diesem Song gibt es unzählige Coverversions, wenn ich mich für eine entscheiden könnte, wäre es wohl die von Tommy Dorsey aus den Vierzigern mit bestimmten »Sisters«, die ich natürlich nicht mehr finde. Eine Frau müsste es singen, Billie Holiday, oder aber ein Chor, *The Manhattan Transfer* zum Beispiel. Oder doch lieber Louis Armstrong? Nur nicht Doris Day oder Frank Sinatra!

Aber vielleicht könnte das dann jemand anders entscheiden.

@claudio.x

Christian Y. Schmidt

A SONG TO THE SIREN

Das letzte Lied wird natürlich gar nicht für mich selbst gespielt, sondern für alle, die um mein Grab herumstehen und noch ein Weilchen länger leben werden. Genauso wie die Inschrift auf dem Grabstein ist es meine letzte Botschaft an die Menschheit. Das heißt, das Lied soll etwas bewirken. Aber was?

In erster Linie soll es wohl die noch Lebenden rühren und sie dabei jäh erkennen lassen, wie sehr sie mich zu meinen Lebzeiten verkannt haben. Besonders deutlich sollten sie spüren, dass ich viel tiefer dachte und fühlte als sie selbst. Dabei dürften sie bemerken, dass sie im Vergleich zu mir immer nur grobe, rohe Klötze waren bzw. sind. Dieses Gefühl soll sich vor allem der Frauen bemächtigen, die dabei ruhig von unkontrollierbaren Zuckungen und Weinkrämpfen übermannt werden können. Auch in den herumlungernden Feuilletonisten sollte das Lied sentimentale Gedanken an und für mich entzünden. Das wird zwar kaum gelingen, weil es sich bei diesem Menschenschlag für gewöhnlich um einen hartherzigen und kalten handelt. Aber versuchen kann man es ja.

Das heißt, das letzte Lied muss sorgfältig ausgewählt werden. Man sollte aber vermeiden, dies in den letzten Lebensmonaten zu tun. Andernfalls läuft man Gefahr, dass irgendein banaler Ohrwurm am eigenen Grab gespielt wird, der sich einem im Sterbehospiz oder auf der Intensivstation ins schon mürbe gewordene Gehirn gefräst hat (Giganto-Kitsch von *Muse* zum Beispiel), der aber nicht den gewünschten Effekt erzielt.

Weil ich mir dieser Gefahr immer bewusst gewesen bin, überlege ich bereits seit meinem neunten Lebensjahr, welches Lied es denn sein soll. Seit damals plane ich auch meine ganze Beerdigungszeremonie bis ins kleinste Detail. Dabei hat es natürlich über die Jahre immer wieder Programmänderungen gegeben. In der letzten Ausgabe des legendären Bielefelder *Dreck-Magazins* aus dem Jahr 1988 veröffentlichte ich beispielsweise eine Liste von acht Musikstücken, die an meinem Grab in einer ganz bestimmten Reihenfolge gespielt werden sollten.

Diese Auswahl habe ich inzwischen wieder verworfen, obwohl ich mich für sie nicht schämen muss (eine 17-Minuten-Version von *Velvet Undergrounds* »Sister Ray« war dabei). Aber acht Stücke – darunter eine halbe Sinfonie – sind definitiv zu lang, auch wenn sie einer ausgeklügelten Dramaturgie folgen. Statt gerührt und reumütig zu werden, würden die Beerdigungsgäste wahrscheinlich nur wieder wütend auf mich – genauso wie zu meinen Lebzeiten.

Also wähle ich nur einen einzigen Song aus. Der aber nun muss so gut sein, dass er noch in zehntausend Jahren die erwünschten Gefühle evozieren wird. Und so habe ich mich nach jahrzehntelanger Überlegung und eingehender Prüfung endlich für »*Song To The Siren*« von Tim Buckley entschieden. Es gibt wohl keinen Song in der Menschheitsgeschichte, der trauriger ist. Schon die erste Zeile, *Long afloat on shipless oceans*, lässt mich bei jedem Hören erschauern. Genau so stelle ich mir das Totsein vor: für immer einsam treibend auf einem Ozean, ohne etwas anderes zu sehen als dunkles, trübes Wasser (das wahrscheinlich noch nicht einmal Wasser ist).

In einer anderen Zeile des Songs stellt Buckley die Frage *Should I lie with death my bride?* 1970 hat er den Song aufgenommen. Nur fünf Jahre später erhält er die Antwort. Tim Buckley stirbt an einer Überdosis Heroin, im Alter von nur 28 Jahren. Sein Sohn Jeff, ebenfalls Musiker und Sänger, ertrinkt gut zwanzig Jahre später in einem Fluss in Memphis, während er den Refrain des Led-Zeppelin-Songs »Whole Lotta Love« singt. Auch ihn hat die Sirene sehr jung geholt, mit nur dreißig Jahren. Mein letztes Lied scheint also nicht ganz ungefährlich zu sein. Auch deshalb habe ich es ausgewählt.

Ich bin mir aber noch nicht ganz sicher, ob die 1970er Originalversion des Songs gespielt werden soll, oder nicht doch die noch viel dunklere und schönere Coverversion von *This Mortal Coil* aus dem Jahr 1983. Gesungen wird diese Fassung von Elizabeth Fraser (Ex-*Cocteau Twins*), die eine Stimme hat, mit der sie jeden intergalaktischen Song-Wettbewerb für die Erde gewinnen würde.

Elizabeth Fraser war übrigens die Geliebte von Jeff Buckley, der sie nur deshalb kennenlernte, weil er von ihrem »Song To The Siren«-Cover so begeistert war. Die Affäre dauerte ein knappes Jahr und nur zwei Jahre später war Jeff Buckley dann gestorben. Aber das nur so nebenbei.

Um aber meine Beerdigungsgesellschaft nicht in allzu tiefe Depressionen zu stürzen, soll nach »Song To The Siren« dann noch absolut ohne Vorankündigung und extrem laut ein weiterer Song gespielt werden: »12XU« der britischen Artpunktband *Wire*. Mir ist bis heute kein Song begegnet, der schon mit den ersten drei Takten so viele körpereigene Opiate freisetzt wie dieser.

Auch mit diesem Song verfolge ich natürlich eine Absicht. Wer auf meiner Beerdigung noch quicklebendig ist, den dürfte dieser Song noch mehr beleben. Zur Rührung gesellt sich dann der Eindruck, eine schöne und energiegeladene Beerdigung besucht zu haben. Die anderen aber, die selbst schon an der Schwelle zum Schattenreich stehen, werden von diesem schockartig angespielten Killersong so überwältigt, dass es sie – so hoffe ich – endgültig schrägt.

Sollte das passieren, bin ich in meinem Tod nicht mehr so allein. Und vielleicht ergibt es sich, dass danach im schwarzen, schifflosen Ozean auch ein paar Freunde neben mir treiben werden. So kann ich mich in der öden Ewigkeit wenigstens gelegentlich unterhalten. Sollten Sie aber eher der schweigsame Typ sein, bleiben Sie am besten meiner Beerdigung fern.

@carispics

Kurt Palm

THE REST IS SILENCE

In meinem Roman »Die Besucher« hat der Protagonist Martin Koller einmal Angst, dass ihm im Augenblick seines Todes ausgerechnet das saublöde Lied »Ja, mia san mit'm Radl da« durch den Kopf gehen könnte. Die Vorstellung, von einem solchen Ohrwurm vom Diesseits ins Jenseits begleitet zu werden, ist ja wahrlich alles andere als angenehm, vorausgesetzt, dass man nicht bei einem Fahrradunfall gestorben ist. Aber welcher Song wäre eigentlich der richtigere? Wäre es »Stairway to heaven« von *Led Zeppelin* oder »Highway to hell« von *AC/DC*? Oder gar »Time to say Goodbye«, von »Candle in the Wind« ganz zu schweigen?

Dabei ist das letzte Lied, das einem im Augenblick des Todes durch den Kopf geht, viel interessanter als das Musikstück, das beim eigenen Begräbnis gespielt wird. Als Toter hat man ja nichts mehr davon, selbst wenn man noch zu Lebzeiten einen entsprechenden Wunsch deponiert hat. Aber auch in diesem Fall sind es ausschließlich die Lebenden, die in den Genuss dieses Liedes kommen, wobei »Genuss« natürlich immer ein relativer Begriff ist. Ich erinnere mich, dass ich mir als Ministrant bei Beerdigungen in Timelkam jahrelang das Lied »Ich hatt' einen Kameraden« anhören musste, das von der örtlichen Blasmusikkapelle besonders schwülstig vorgetragen wurde. Als mein Vater starb, und der Bestatter dieses Stück vorschlug, lehnte ich dieses Ansinnen auch mit dem Hinweis, dass mein Vater ja nicht im Krieg gefallen, sondern an den Folgen eines Lungenkrebses gestorben sei, kategorisch ab.

Dass wir uns über das letzte Lied überhaupt Gedanken machen, ist zwar verständlich, letztendlich aber nur ein weiterer Beweis dafür, dass wir dem Tod macht- und hilflos gegenüberstehen. Auch mit Musik lässt sich der Tod nicht überlisten, und so gut kann das letzte Lied gar nicht sein, als dass nicht der Tod als Letzter lachen und sich seine knochigen Hände reiben würde.

In den vergangenen Jahren war ich bei einigen Verabschiedungsfeiern, bei denen Musikstücke gespielt wurden, die mir die Tränen in die Augen trieben. Und auch, wenn es ergreifende Momente waren, konnten sie den Schmerz und die Trauer über die erlittenen Verluste nur für kurze Zeit lindern. Eine Ausnahme bildete vielleicht das Mantra »Om«, das bei der Verabschiedungsfeier für meinen Bruder Reinhard gespielt wurde, weil es als Teil einer zwölfstündigen Meditation weit über diesen Augenblick hinausreichte.

Mir persönlich ist der Gedanke an den »letzten Song« unangenehm, weil ich dabei das Gefühl hätte, dass möglicherweise schon die Zeit drängt. Es könnte aber auch damit zu tun haben, dass ich einmal im Traum mein eigenes Begräbnis als Stummfilm erlebt habe. Das war, nachdem ich Marihuana geraucht hatte, das mit Meskalin versetzt worden war. Das Ganze spielte sich in Bogotá ab, wo mir ein Straßendealer einen Stoff verkaufte, den er als Kolumbianisches Gold – *Oro de Colombia* – anpries. Während des anschließenden Trips hatte ich dann meine eigene Beerdigung als Film gesehen, in dem ich mich nicht nur im Sarg liegen sah, sondern auch mitverfolgen konnte, wie ich meinen eigenen Sarg trug. Als dieser dann ins Grab gesenkt wurde und ich mich darin liegend dabei beobachtete, wie ich mein Grab zuschaufelte, wäre ich fast verrückt geworden.

Die gesamte Zeremonie lief stumm ab, weshalb ich mir höchstens vorstellen könnte, dass bei meinem Begräbnis das Stück

»4’ 33”« von John Cage gespielt wird. Diese berühmte Komposition trägt auch den Titel »Silence«, weil für die Dauer von vier Minuten und dreiunddreißig Sekunden kein einziger Ton erklingt. Stille als adäquate Antwort auf den Tod? Vielleicht lauten deshalb ja auch Hamlets letzte Worte: *The rest is silence*.

Austrofred

WEISSE PFERDE

Vor etlichen Jahren hat der Weltpianist Friedrich Gulda einmal via Pressemitteilung vorzeitig seinen eigenen Tod verlautbaren lassen, weil er hat sich gedacht, das ist ein Weltschmäh, da kann ich noch zu Lebzeiten meine eigenen Nachrufe lesen. Allerdings haben nur die wenigsten Journalisten diese Aktion witzig gefunden oder geistreich, weswegen dann in den Zeitungen nirgendwo gestanden ist, dass der verstorbene Gulda ein pianistisches Genie war, ein Mozart-Interpret sondergleichen, er ruhe in Frieden, sondern es ist gestanden, dass es dem alten Deppen offensichtlich nicht mehr ganz rennt. Weil seinen eigenen Tod vortäuschen, das tut man nicht.

Ich bin sicher der Erste, der bei so etwas sagt, pfui, Friedrich, trotzdem habe ich den Gulda auch ein bisschen verstanden. Natürlich interessiert und fasziniert dich das, was nach dem Tod über dich geschrieben und geredet wird, gerade als Künstler, wo man ja doch auf eine gewisse Unsterblichkeit spekuliert. Aus gutem Grund: Unzählige Karrieren im Kunst- und im Musikbereich werden nicht zu Lebzeiten entschieden, sondern quasi posthum, über die historische Nachbetrachtung. Auf gut Deutsch: Dein Tod ist nicht automatisch das Ende deiner Karriere, vielmehr kann er – wenn man sich ein bisschen dahinterklemmt! – der Anfang einer posthumen und womöglich noch viel größeren Karriere sein. Du hast nur eine allerletzte Chance – nutze sie!

Aus diesem Grund habe ich persönlich mein Begräbnis längst schon minutiös geplant und in mein Testament hineingeschrieben, dass das von meinen Erben zwingend nach Strich und Faden genau so durchzuführen ist. Andernfalls schauen sie durch die Finger und ich vermache meine gesamten Tantiemenansprüche den Gutmenschen, nämlich den Gut-Aiderbichl-Menschen. Die genauen Details meiner Begräbnisfeierlichkeiten kann ich an dieser Stelle natürlich nicht verraten, weil sonst liest das ein Kollege von mir, Hausnummer: der Günter Mokesch, und lässt sich nach dem von mir kreierten Ritus begraben. Und dann verklag einmal einen, der sich nach deinen Plänen eingraben hat lassen! Da offenbart das europäische Urheberrecht schnell wieder einige seiner zahllosen Lücken.

Wobei, einen Programmpunkt verrate ich doch, weil ich gar so stolz bin drauf, und zwar soll da ein gutaussehender und also mir ähnlich schauender Schauspieler an eine symbolische Himmelstür klopfen, woraufhin der Petrus – idealerweise dargestellt vom dann schon steinalten und sicher sehr weise wirkenden Harald Krassnitzer – sagt: »Wer klopfet an?«, woraufhin der Austrofred-Darsteller demütig und bescheiden sagt: »Ein armer und einfacher Sünder.« Ich gebe zu, dieses Ritual habe ich mir beim Begräbnis vom Otto von Habsburg abgeschaut, aber nachdem der Otto ja der letzte real amtierende Kaiser war – jetzt müsste es eigentlich frei sein. Ich finde, man kann über die Habsburger sagen, was man will, aber bei solchen Geschichten waren sie einfach Weltklasse.

Ganz wichtig: die Location. Lange habe ich überlegt, ob ich mich nicht in meiner oberösterreichischen Heimat einsegnen lassen soll, aber ich finde, meine Fans sollen einen leichten öffentlichen Zugang zu ihrer Pilgerstätte haben und nicht ab Linz eine Stunde mit dem Postbus durch Mostbirnbaum-Alleen dackeln müssen. Nein, ich gehöre auf den Wiener Zentralfriedhof. Ich habe auch schon ein genaueres Areal im Visier, in Sichtweite vom Falcograb, aber ein bisschen näher an der Bundespräsidentengruft. Diese Nähe zur weltlichen Macht ist mir sehr wichtig, weil das signalisiert einen gewissen Anspruch auf eine allgemeine Anerkennung. Ich will ja kein »Kultstar« sein, wo sich nur ein paar verlorene Außenseiter ans Grab verirren, sondern ein Mann des Volkes. Leider ist in diesem Areal momentan kein Platzerl frei, aber von Zeit zu Zeit tun sich doch immer wieder Möglichkeiten auf – meistens weil sie einen alten Nazi umbetten müssen – und für den Fall steh ich schon als Erster auf der Warteliste.

Welches Lied gespielt werden soll, wenn der Sarg in die Grube gelassen wird, ist auch eine Frage, die mich sehr beschäftigt, weil so etwas ist ja immer ein hochemotionaler Moment, da darf man nichts dem Zufall überlassen. Gehören täte es sich, dass ich etwas von den *Queen* spiele, aber das ist mir fast zu aufgelegt. Ich meine, »The show must go on« ist in so einem Zusammenhang schon ein bisschen abgeschleckt, detto »We are the champions«. Das sind super Nummern, die ich selber immer noch mit demselben deepen Feeling interpretiere wie am ersten Tag, klar, aber mir fehlt halt das Überraschungsmoment, das Statement. Sehr stimmungsvoll erschiene mir »And You and I« von den *Yes*, aber das kennen wieder die Wenigsten, und das ist dann auch nicht ideal, wenn es um die Gänsehauterzeugung geht, obwohl ich persönlich ja bei den majestätischen Mellotron-Parts dieser Nummer, ich sage es ganz offen: einen Steifen kriege.

Vom Bekanntheitsgrad genau richtig und emotional sehr ergreifend wäre »5 Minuten vor 12« vom Udo Jürgens, nur geht es in dem Lied um Umweltschutz, was hat das mit dem Austrofred zu tun? Auch vom Titel her passt es nicht zu einem Begräbnis, weil für einen Toten ist es ja schon 12 vorbei, also was soll das?

Die aktuelle Nummer 1 in meiner Begräbnis-Playlist ist »Weiße

Pferde« vom Danzer, weil das ist eine extrem poetische Nummer, die sowohl eine gewisse weltanschauliche Weite signalisiert (Flamencogitarren, im Text kommt eine Wahrsagerin vor), aber auch auf meine tiefe Verankerung im Austropop-Movement verweist. Außerdem finde ich lässig, dass die Pferde in dem Lied weiß sind, weil das fährt den Leuten sicher gut schräg ein bei einem Begräbnis, wo sie normalerweise immer nur schwarze Rappen haben, die den Sarg ziehen, oder einen schwarzen Volvo.

Im Übrigen war mir der Schurli Danzer unter allen Austropop-Kollegen immer der liebste und nächste. Wir waren ja Seelenverwandte, *Soul Mates*, der Georg und ich, auch wenn wir uns aufgrund von seinem viel zu frühen Tod leider nie persönlich kennengelernt haben. Einmal habe ich im Metropol gespielt, da hat der Tontechniker gemeint, wie er mir mein Mikro aufgebaut hat, dass da gestern noch der Danzer darüber gesungen hat, und ich habe mir gedacht, wau lässig – Fred, daran wirst du dich noch jahrelang erinnern. Und genau so war es auch, weil seit diesem Tag leide ich an einem äußerst hartnäckigen Herpes, und wenn es mir von Zeit zu Zeit ein Fieberblaserl aufzieht, dann erinnert mich das an die großartigen Lieder vom Schurli.

Offen ist für mich noch die Frage, ob ich die Nummer einfach vom Bandl abspielen lasse, oder ob ich mir einen Live-Act engagiere, der die Nummer interpretiert. Hat beides seine Vorteile. Auf der einen Seite hast du die Aura des Danzer'schen Originals sowie eine deutliche Kostenersparnis, weil keine Künstlergage anfällt, auf der anderen Seite kann ein gefühlvoller Sänger doch noch ein gewisses Mehr an Emotion herausholen. Ich selber spiele immer sehr, sehr gerne bei Beerdigungen, weil du da immer ein hochkonzentriertes Publikum hast. Während bei einer Erstkommunion das Publikum heimlich unter der Bank im Prinzessin-Lillifee-Katalog schmökert, hast du bei einem Begräbnis alle Herzen ganz bei dir und beim Verstorbenen, wenn du »I lieg am Ruckn« singst. Gänsehaut pur.

Einmal ist mir bei einer Beerdigung ein kleines Malheur passiert, weil ich habe in der Früh ein englisches Frühstück mit vielen Bohnen gegessen gehabt, die mir dann so peu à peu als Winde wieder entfleucht sind, während ich das Fiakerlied (»Stellts meine Roß' in Stall«) gesungen habe. Auf einmal kommt der Totengräber her zu mir und flüstert, »Herr Kammersänger, kommen S' zu einem Ende. Wir müssen den Sarg schnell zuschütten, der scheint schon ein bisschen undicht zu sein.« Das war einer der wenigen Momente in meinem Leben, wo ich ein bisschen rot geworden bin.

Klaus Nüchtern

AUF WIEDERSEHEN, SCHWEINEFLEISCH-PASTETENHUT

Vier letzte Lieder

Ob ich schon mein Testament aufgesetzt hätte, erkundigte sich unlängst meine um drei Jahre jüngere Schwester, die in solchen Belangen einen ganz unsentimentalen Pragmatismus an den Tag zu legen pflegt. Sie hat. Ich natürlich noch nicht. Ich bin ein großer Prokrastinierer, Aufschieben ist mein Ding. Vielleicht bin ich ja deswegen unter die Journalisten gegangen. Die beginnen ihre Arbeit auch erst im Angesicht der Deadline. Aber sie wissen natürlich auch: Die Linie des Todes lässt sich nicht ewig aufschieben.

Und jetzt, wo sich nach meiner Schwester sogar der Milena Verlag bemüßigt fühlt, mich um die Organisation meiner postmortalen Existenz zu kümmern, sollte ich das wohl tatsächlich mal angehen. Wenn das Testament, das ich dann später aufsetzen werde, keine Änderungen vorsieht, dann sind folgende Zeilen als letzte Verfügung zu werten, wobei ich es der Laune und dem Takt der Hinterbliebenen anheimstelle, kleine Änderungen am Programm vorzunehmen.

Das eigene Begräbnis ist ja das letzte Fest, das man auf Erden ausrichten kann. Es findet in der Regel halt ohne einen selber statt – nur Tom Sawyer kommt in den narzisstischen Genuss, die Trauernden ums eigene Grab versammelt zu sehen. Zwar wird gerne behauptet, dass der oder die Verstorbene »unter uns« weile oder in irgendeiner Schwundstufe (Astralleib?) noch präsent sei, aber das ist pietätvolles Gerede, mit dem sich die Trauernden das schlechte Gewissen darob zu verscheuchen suchen, dass sie jetzt alleine weitermachen und sich beim Leichenschmaus einen anzwitschern, ohne dass der Frischverscharrte mittrinken kann.

Das braucht einen nicht zu kränken. Man selber hat's jetzt ja hinter sich gebracht, da kann man den Hinterbliebenen trauerarbeitstechnisch schon ein wenig zur Hand gehen und muss es ihnen nicht eigens noch schwerer machen. Ich wünsche keine kirchliche Feier, aber wenn jemandem religiöse Erbauung wichtig ist, will ich dieser nicht im Wege stehen und würde diesfalls zum Einstieg das Absingen oder -spielen eines Chorals von Paul Gerhardt vorschlagen: »Befiehl Du Deine Wege« erschiene mir als passend.

Danach kann eine erste Rede gehalten werden. Wer immer das Wort ergreift, möge dann bitte auch das nächste Stück ankündigen und einige Worte über dieses verlieren, vielleicht bequemerweise gleich die folgenden: Bei »Goodbye Pork Pie Hat« handelt es sich um ein Stück, das Charles Mingus 1959 anlässlich des Todes von Lester Young komponiert hat. Mein Leben wird kein Tenorsaxofonsolo gewesen sein, aber wenn ich es mir aussuchen könnte – der oder die Nachrufende muss diese Passage in die dritte Person und die indirekte Rede setzen und möge darauf achten, den Konjunktiv korrekt zu verwenden – wäre es eines von Lester Young. So wie er spielt, wäre ich gerne gewesen: ein Gigant der Sanftmut, von schläfriger Eleganz.

Der Titel bezieht sich im Übrigen auf den der Form einer Schweinefleischpastete nachempfundenen »Pork Pie Hat«, den Lester Young zu tragen pflegte und der bekanntlich auch zu den Standardrequisiten des von mir zutiefst verehrten Buster Keaton zählte. Ich würde übrigens die Originaleinspielung auf dem Album »Mingus Ah Um« von 1959 vorschlagen, aber wenn einzelne Hinterbliebene eine starke Präferenz für die 1963er-Version auf »Mingus Mingus Mingus« haben sollten, wo sich das nämliche Stück unter dem Titel »Theme for Lester Young« findet, ist es mir genauso recht. Beide dauern in etwa gleich lang, von daher ist es also wurscht.

Hernach wie gehabt: erbauliche Worte und Ankündigung des nächsten Stückes, das als kathartischer Durchrüttler gedacht ist. Stephen Stills' »Church (Part of Someone)« findet sich auf dem Soloalbum »Stills« von 1970 und ist immer für Gänsehaut gut. Ja, es ist ein bisschen kitschig, aber übertriebene Angst vor Kitsch war mir schon immer zuwider.

Ich möchte die Liste der Redner und Rednerinnen nicht künstlich prolongieren: Geburtstage und Begräbnisse, auf denen zu viel geschwatzt wird, sind eine Pest. Aber eine oder einer mehr wär schon gut, weil: Eins geht noch, im Anschluss mag der DJ übernehmen. Von den Kinks käme natürlich vieles infrage, aber »This Time Tomorrow« von *Lola vs. Powerman and the Moneygoround, Part One* (schon wieder 1970!) hat entschieden die besten Begräbnislyrics und ist in seiner anmutigen Melancholie stimmungsmäßig eins a:

This time tomorrow what will we know / Well we still be here watching an in-flight movie show / I'll leave the sun behind me and watch the clouds as they sadly pass me by / Seven miles below me I can see the world and it ain't so big at all.

Danach: Besäufnis.

Thomas Petritsch

QUE SERA SERA

Und wie erwartet lassen sie ihn runter. Jetzt bröckelt es, und die losgelöste Erde und kleine Steine klopfen auf den dunklen Holzdeckel. Die Seile reiben sich an den Seiten, knarzend taucht er in den Schatten ein, und während bei greller Sonne vor lauter Hitze rundherum alle ächzen, findet er am Grund des kühlen Lochs endlich seine Ruhe.

Wie lange es wohl noch dauert? Ob sich danach wieder alle beim Moser treffen? So wie meistens, wenn sie einen hinablassen. Der Pontner würde sich nicht lange bitten lassen, der kennt den Moser gut. Und der Moser kennt den Pontner. Schon von der Schulzeit her. Sie hatten zwar nie viel gemein, zeit ihres Lebens aber immer etwas geteilt. Während der eine fortging, um der Mutter willen Theologie zu studieren, blieb der andere des Vaters wegen, um das Gasthaus zu übernehmen. Oder damals in der Schulzeit, die Leidenschaft für das Fußballspielen. Das war gut, um den Dorfmädchen zu imponieren. Jetzt, im Herbst des Lebens, teilen sie die Freude an Begräbnissen. Denn das ist gut fürs Geschäft.

Und wie erwartet werden die Seile wieder hochgezogen und hastig zur Seite gegeben. Übereinandergelegt schlängeln sie sich langsam ins Gras und winden sich durch die grünen Halme, bis sie endgültig ruhen. Die Luft ist erfüllt von dem Geruch von Weihrauch und verbranntem Boden. Eine überschaubare Gruppe welkt mit feuchter Stirn und nassen Achseln rund um die Erdaushebung dahin.

Jetzt läutet einer die Glocke. Und der Pontner spricht, zitiert aus der Bibel. Eine Stelle über Vergänglichkeit, Auferstehung, Himmelfahren, Fortgehen. Was wohl aus dem Pontner geworden wäre, wäre er hiergeblieben. Hätte ihn seine Mutter nicht mit 17 auf das bischöfliche Internat in die Stadt geschickt. Im Gestalten von Trauerfeiern ist er ja gut, er macht das sehr elegant, aber damals, so sagt man, wusste er sich bei jedem Freudenfest um einiges mehr auszutoben. Da gibt es so manche Geschichte, die das belegt. Das weiß auch die Schwester vom Moser. Die Moser. Sie hatte sich gewünscht, dass er bleibt. Sie hat ihm nie wirklich verziehen, dass er sie damals hat sitzen lassen.

Und wie erwartet, reißt sich einer mühsam los, schleicht zwischen Blumensträußen durch und an Kränzen vorbei, um mit einer kleinen Schaufel ein wenig Erde durch die große Öffnung zu werfen. Es fallen die Steinchen zu Boden. Im Freiflug, wie die Gedanken der Feiergäste. Und ein anderer folgt. Dann noch einer. So lange bis ein jeder Gast Schweiß und Erde in das Loch fallen gelassen hat. Dann dreht sich das große, von Ministranten getragene Kreuz und zwischen den kurzen Schatten der kleinen, alten Grabsteine schreitet man bedächtig in Richtung Dorf.

Endlich ist es aus. Und wieder wird jeder zum Moser eingeladen. Durch das große Tor, die schmale Straße entlang, die Treppen hoch und schon ist man da. Man sitzt in einem kleinen Nebenraum, der auch für Hochzeiten, Vereinsversammlungen und Gemeinderatssitzungen herhalten muss. Die dicken Mauern des alten Hauses sperren die mittlerweile unerträglich gewordene Hitze aus. Es gibt keine Sitzordnung. Der Moser steht hinter der Schank. Die Moser serviert und schaut dabei den Pontner böse an. Sie hat nie mehr einen anderen gefunden. Das schlägt ihr ein wenig aufs Gemüt. Doch heute schließt sie damit ab. So wie letzte Woche. Und im Hintergrund läuft das Regionalradio. Connie Francis und Peter Kraus. »*Que sera sera*«.

Pia Hierzegger

THIS IS THE END

Erst dachte ich, auf meinem Grab soll *The Base* »The End« spielen und zwar live und laut. Das Lied handelt von einem schlecht gelaunten Menschen, der einen ungebetenen Gast, nämlich einen Zeugen Jehovas, mit einem Baseballschläger tötet, oder versucht, das zu tun oder so, und passt eigentlich nicht wirklich zu meinem Begräbnis, vermutlich zu überhaupt keinem Begräbnis, außer der Verstorbene hat einen Zeugen Jehovas mit einem Baseballschläger erschlagen, oder war selbst Zeuge Jehovas und wurde Opfer einer solchen Tat. Aber der Refrain passt gut. *This ist the End.*

Das hätte aber bedeutet, dass ich rechtzeitig sterben muss. *Vor* den Bandmitgliedern von *The Base*. Also beeilen mit dem Sterben. Um nicht allzu sehr unter Druck zu kommen, hab ich mir eine Alternative ausgedacht. Eine meiner Freundinnen, die jetzt in der Midlifecrisis angefangen haben, ein neues Instrument zu lernen, kann bis dahin sicher ein ganzes Lied zupfen oder blasen. Die soll das machen. Das würde mir Druck nehmen. Ja, ich sollte mir sogar eher Zeit lassen mit dem Sterben, damit die Freundinnen noch ordentlich üben können.

Was aber, wenn ich unerwartet schnell sterbe und *The Base* keine Zeit hat? Dann könnte auch ein Chor einspringen, einer aus Kärnten am besten, dann hätten die Trauergäste gleich etwas zu reden, beim Leichenschmaus. »Ich wusste gar nicht, dass sie Kärntner Chöre mag ... *mochte*.«

Es muss auf jeden Fall live sein, hab ich mir gesagt. Wahrscheinlich weil mir das Begräbnis meiner Großmutter in Erinnerung ist, bei dem ich oben am Balkon der Kirche stand und Musik gemacht habe. Und zwar indem ich auf ein Zeichen des jungen evangelischen Pfarrers mit Pferdeschwanz den Startknopf eines CD-Players gedrückt habe. Ich habe vergessen, welche CD es war. Ich weiß nur, dass nicht die verstorbene Großmutter, sondern wir Hinterbliebenen die Musik ausgewählt haben. Wir mussten sie ja auch hören, ihr war es wahrscheinlich egal.

Dann dachte ich mir, mir wird es auch egal sein, wenn ich im Sarg warte, kurz bevor ich für immer in die Erde gelegt oder ins Feuer geschoben werde. Ich hab dann wahrscheinlich andere Sorgen. Vielleicht muss es auch gar nicht live sein.

Aber die Begräbnisgäste sollen eine gute Zeit haben. Man soll also lieber eine Jukebox aufstellen und die Begräbnisgäste sollen Münzen einwerfen und sich ihre Musik selbst aussuchen. Und das Geld kann man anschließend spenden. »Vier Pfoten«, »Ärzte ohne Grenzen«, »Nachbar in Not«. Nur bitte kein Jazz, kein Reggae oder irgend so ein Ethnozeug. Das wäre dann wirklich traurig. Obwohl es soll ja traurig sein, weil *this is the end*.

@paeders

Johannes Silberschneider

DAS LETZTE LIED, DAS MAN ZU HÖREN WÜNSCHT, BEINHALTET MEIST DIE WORTE, DIE MAN SEIN LEBTAG LANG VERMISST HAT

Wahrscheinlich kam mir der Gedanke ans wieder Weggehen – mich von dieser Welt wieder zu verabschieden – schon sehr früh. Und vor allem wegen der Musik.

Ich wäre mit vierzehn Monaten beinahe an einer Oxalsäure-Vergiftung, ausgelöst durch einen aufgetauten und wieder eingefrorenen pürierten Spinat, gestorben. Ich hab mir das später dann so zurechtgelegt, dass ich aufgrund meiner rechnerischen Schwächen dieses Leben verfrüht beenden wollte. Ich wollte damals unbedingt inkarniert, geboren werden, weil mir die ganze Welt damals, 1958, vor allem das Lebensgefühl und dessen Ausdruck in der Musik so vielversprechend vorgekommen sind, es mir so angetan haben. Ich wollte da herunter und mitmischen – und am liebsten als Teenager-Idol und Rock 'n' Roller! Aber ich hatte in meiner Euphorie nicht bedacht, dass man ja bereits mit neun Monaten das Licht der Welt erblickt und nicht wie im Schlager das Leben mit siebzehn anfängt. So weit mein erster frühreifer Rechenfehler und die erste Verbindung von Abschied und Musik.

»Du hast jo aa noch nix g'habt von dein Leben!«, so ein sich bei mir eingeprägt habender Ausspruch meiner Großmutter väterlicherseits, die bei uns im Hause gewohnt hat, eines schönen Sonntagnachmittags, kurz nachdem sie mich angeweicht (also mit Weihwasser ein Kreuz auf die Stirn gemacht hat) und mir ein Taschengeld zugesteckt hat, und ich wieder ins Internat fahren musste. Recht aufmunternd hat's eigentlich nicht geklungen, aber immerhin, hab ich mir gedacht, muss da schon noch was kommen, später einmal, bevor man sich dann endgültig verabschieden, also gehen muss!

Als langjähriger Ministrant auf dem Land hab ich natürlich auf vielen Begräbnissen ministriert. Eigenartigerweise immer lieber bei Beerdigungen als auf Hochzeiten. Auch wenn es bei Hochzeiten wesentlich mehr Geld gegeben hat, weil man das Ereignis als freudiger empfunden hat, die Geldtascheln lockerer saßen, alle Beteiligten die Spendierhosen anhatten, wie man damals sagte. Aber das war wurscht! Ich war trotzdem lieber auf den »Gegenveranstaltungen«. Wahrscheinlich weil bei Totenmessen im lateinischen Ritus das schwierig zu lernende Schuldbekenntnis, das »Confiteor« wegfiel, aber dafür vor dem Auszug aus der Kirche das befreiende und loslösende »Libera« gebetet wurde, eine Einsegnung mit viel Weihwasser und Weihrauch, bevor man dann zum Friedhof aufbrach.

Obwohl: Als Anfänger hat mich der Pfarrer Linkenseder einmal zurückgeschickt, in die Sakristei zur Frau Minnerl, der Pfarrhaushälterin und Mesnerin, indem er mir das mir unverständliche Wort »Pluviale!« ins Ohr brüllte, sich dabei auf der Straße des Messgewandes entledigte, und ich ihm dann mit einem Monstrum von Umhang, dem sogenannten Rauchmantel, bis auf den Friedhof nachrennen musste.

Aber auch die Gefühlsausbrüche und -regungen bei Begräbnissen waren mir verständlicher, vertrauter, erschienen mir echter und ungekünstelter, auch dramatischer und ungeheuchelter als auf Hochzeiten. Obwohl beiden Ereignissen, freudig oder traurig, etwas bedrückend Unbegreifliches anhaftete. Noch dazu, da für uns, unseren Ort (vor allem für die Männer der Freiwilligen Feuerwehr!) der Tod in den 70er-Jahren beinahe schon zur Tagesordnung gehörte. Durch unser Ortsgebiet verlief die gefürchtete B 113, die sogenannte Gastarbeiter-Route, und das Gros der schweren Unfälle ereignete sich auf dem Streckenabschnitt des oberen Liesingtales zwischen Kalwang und Kammern. Zwischen Schoberpass und Kammerer-Höhe. Der Lackner Sepp, altgedienter Wirt und langjähriger Obmann des örtlichen Kameradschaftsbundes und Kriegsopfer-Verbandes, hat anlässlich einer Grabrede eines Verunfallten, eines Straßenverkehrsopfers, wie das damals hieß, einmal gemeint, die Menschen würden heutzutage auf der Straße wie die Schnecken dahingerafft. Danach hat er meist noch sämtliche Fronteinsätze im Ersten und Zweiten Weltkrieg und die dabei erworbenen Orden und Ehrenzeichen erwähnt, um anschließend die von der ganzen angetretenen Mannschaft an den Hut gesteckten Tannenzweigerln einzusammeln und sie als letzten heimatlichen Gruß dem Verschiedenen ins offene Grab nachzuwerfen. Und manchmal hat er hinterher in der Sakristei beim Umziehen unseren Herrn Pfarrer, der, wie wir ja wussten, aus Leonding stammte und mit dem Hitler in die Schule gegangen ist, gefragt, ob er denn heute am Grab nicht wieder wie der Führer gesprochen habe, was der Pater Wilfried dann immer wortlos, mit gestrengem Blick erfolgreich kommentierte!

Dem Lackner Sepp sein Bruder hatte übrigens in den Wirren des Juli-Putsches 1934 bei einer Hausdurchsuchung (beide Brüder waren Illegale und hatten Waffen im Haus versteckt!) einen Gendarmen, einen jugendlichen Heißsporn, der mit aufgepflanztem Bajonett bis auf den Dachboden stürmte, wo er sich hinter dem Kamin versteckt hatte, erschossen und war darauf nach Deutschland geflohen. Nach dem Krieg hat er in der DDR gelebt und soll angeblich ein paar Mal noch bei Nacht und Nebel seinen Bruder besucht haben. Er galt noch immer als gesucht. Es wurde immer noch nach ihm gefahndet. In erster Linie von einem: vom Sohn des Ermordeten, der inzwischen Inspektor der Kriminalpolizei Leoben war und es sich zu seinem Lebensziel gemacht hatte, den Mörder seines Vaters zu überführen.

Auch hatten wir als Schüler einmal, aufgeschreckt durch einen Schuss während des Unterrichts, mitbekommen, wie sich am Friedhof, der direkt der Hauptschule gegenüber lag, ein Gendarm am Grab seiner Mutter erschossen hat, dessen aufgebahrte Leiche wir nach der Schule unbedingt alle sehen wollten.

Wie auch immer. Jedenfalls, damals wäre ich nie auf den Gedanken gekommen, dass auf einem Begräbnis auch etwas anderes gespielt werden könnte. Ja geschweige, dass man sich bei einem solchen Anlass auch etwas wünschen könne! Quasi als eine Open-Air-Wunschkonzertbestellung, wie zum Geburtstag im Radio auf Österreich Regional, im Studio Steiermark, bei der Franziska Sommer, eingebettet in eine letzten An- oder Abmoderation, zwischen den Gebeten des Pfarrers und der Ansprache des Kameradschaftsbund-Obmanns oder der nicht enden wollenden Grabrede des Vize-Bürgermeisters, die er von einem mehrseitigen Spickzettel (versteckt in seinem vor den Bauch gehaltenen, abgenommenen Hut), und die er, ständig darin hin- und herblätternd, mit hoher gequetschter und durchdringender Stimme völlig ungeniert abgelesen hat.

Ich dachte damals, das sei Programm. Fest und unumstößlich wie der Tod selbst. Wenn die Musi, wie die ortseigene Blasmusik-Kapelle fast liebevoll-abschätzig bezeichnet wurde, zuerst auf dem Weg zum Friedhof einen depressiven Schreit-Marsch intonierte, danach, bei den Männern wenigstens, zur Fahnen-Senkung ins Grab mit interruptierenden Böllerschüssen den »Guten Kameraden«, und zu guter Letzt, als sie schließlich beim Totenkammerl (dem Vorgängerbau der Aufbahrungshalle bei der Klosterkirche, gleich neben der Gruft der Grafen Brenner, der Gründer derselbigen und nebenbei der Ortswappen-Stifter von Mautern) Aufstellung genommen hatte – bevor man dann endgültig zum gemütlichen Teil übergehend, und in den Gasthof Lieber zum Bestattungsessen abrückte –, ein Stück zu blasen begann, das ich nur von Textfetzen meines Vaters kannte, die da lauteten: *Heit auf d' Nacht um halber Ze-ehne, kumt da Niedertupfer Be-ene, zu der schenan Sta-asi,und der Mond scheint bloach und ka-asi!* Womit anscheinend thematisch der Bezug zum Leben wieder hergestellt werden sollte: vom Vergehen zum Werden, von der Vergänglichkeit zur Zeugung – oder besser vielleicht: vom Scheiden – zum Scheiden.

Mein Vater selbst hat als alter Karl-May-Leser seinen Wunsch diesbezüglich schon sehr früh geäußert und deponiert. In »Winnetou III« singt der Chor der Umstehenden bei Winnetous Tod ein »Ave Maria«, das sein Blutsbruder Scharlie, also der Autor selbst, getextet und komponiert hatte. Die Klosterer, die bis 1969 im Ort ansässigen Redemptoristen, die Congregatio Sanctissimi Redemptoris, kurz CSSR, (hat also nichts mir der ehemaligen Tschechoslowakei zu tun, obwohl ihr Zweitgründer Klemens Maria Hofbauer, der Stadtheilige von Wien, gebürtiger Znaimer ist), die Kongregation des allerheiligsten Erlöser, ein ursprünglich Neapolitaner Volksmissions-Orden, der in Mautern seine eigene philosophisch-theologische Hochschule unterhielt, haben das immer bei ihren wunderschön gestalteten Maiandachten gesungen! Im Übrigen haben sie auch ab Mitte der 50er-Jahre eine außerordentlich hochkarätige Laientheater-Truppe, die sich aus Studenten und der Marktjugend rekrutierte, initiiert: die Gruppe »Schauspiel Mautern«, die sich nicht nur anschickte, große Literatur in den kleinen Ort zu bringen, sondern sich auch in der Populärmusik als total versiert erwies … eben gelebte Volksmission!

Mir selbst kam der Gedanke an ein letztes Lied, einen »Grab-Song«, erst so nach und nach. So etwa in der ersten Hauptschul-Klasse, als ich bei den Gramers das Begräbnis unseres steirischen Formel-1 Star-Piloten Jochen Rindt im Fernsehen anschauen durfte. Da wurde als sein letzter Wunsch am Grab eine Instrumental-Fassung eines Hits aus meinem Geburtsjahr 1958 gespielt: »The End« von Earl Grant, den ich gleich bei der nächsten Fahrt nach Leoben versucht habe zu ergattern, leider erfolglos.

Als mein Freund Helmut, den man damals schon Jacky nannte (nach dem damaligen Formel 1-Fahrer Jackie Stewart oder Jacky Ickx? Rennfahrer waren damals echte Heroes!), seine ersten Schallplatten bekam, Langspielplatten-Sampler, sogenannte Schlager-Paraden mit den Hits der letzten Jahre von 64 bis 69, die seine Mutter (wie auch den Plattenspieler!) aus dem Donauland-Katalog bestellt hatte, schleppte auch ich meine ersten frisch ergatterten Second- oder besser Third-Hand-Singles an, die hatte ich von meinen Cousins aus Mixnitz, die diese schon stark strapazierten, abgespielten und ausgemusterten Scheiben wiederum aus der Musikbox des benachbarten Gasthofes Straßegger hatten.

Und da war dann auch eine Nummer darunter, die mir, des Englischen noch nicht so mächtig, für eine Beerdigung bestens geeignet schien: »How Does That Grab You, Darling?«, ein Lee Hazlewood-Klassiker (mit der Rückseite »The Last Of The Secret Agents«), gesungen von Nancy Sinatra.

Aber Jackys ältere Schwester Margit, kurz Margs genannt, die als Klassenbeste bereits bestens Englisch konnte und überhaupt Bescheid wusste, klärte mich auf, dass es in diesem Lied nicht um das ginge, was ich, optisch verblendet, zu glauben meinte. Es ginge eher um den Auftakt zum Gegenteil vom Sterben.

Überhaupt waren wir damals von Film und Fernsehen und Musik besessen. Nicht nur, dass wir allsonntäglich die Ö3-Hitparade hörten und davor den für uns noch kaum verständlichen »Schalldämpfer« von Axel Corti. Oder *Bravo*-Hefte lasen. Wir wollten mitmachen, in-sein, aufgeklärt. Wir wollten beeindrucken, indem wir die Lebensgefühl-Haltungen der Illustrierten-Lesezirkel-Hefte zu imitieren versuchten, und die Musik war dabei das Ausdrucksmittel Nummer eins. Der Katalysator! Mit einem Philips-Portable-Plattenspieler unter dem Sonnenschirm der Garten-Garnitur Dean Martin- oder Elvis Presley-Platten hörend und dabei einen Jacobs-Instant-Cofroster-Kaffee schlürfend, während die jüngeren Jahrgänge an unserem Haus vorbei zur Turnstunde auf den Sportplatz hasteten. Oder auch von Jackys elterlichem Wohnzimmer aus, wo wir bei geöffnetem Fenster »My Little Lady« von den *Tremeloes* dröhnen ließen, um die unten auf dem Josefiplatz wartenden Fahrschüler weiblichen Geschlechts für uns zu gewinnen oder wenigstens auf unseren Geschmack aufmerksam zu machen – wie wir hofften!

Eines Tages beim Rollschuhfahren, das wir immer am Dienstag Nachmittag übten, weil da das Gasthaus, das Jackys Eltern bewirtschafteten, wegen Ruhetag geschlossen war, und wir im leeren Wirtshaus ungestört üben konnten (auch weil wir uns vor den anderen auf der Straße nicht blamieren wollten), die Sessel vom Boden-Aufwischen noch auf den Tischen und die Türen von Küche und Gaststube offen standen und wir im Kreis herumfahren konnten, entdeckten wir auf der Suche nach etwas Essbarem in der Küchentischschublade in einem Plastiksack drei nagelneue kleine Platten, deren

Titel wir nur von der Musikbox-Hitliste aus den *Bravo*-Heftln kannten und die offensichtlich die musikinteressierte Kellnerin aus Kalwang dort verstaut und ganz offensichtlich mitzunehmen vergessen hatte, und die wir nun heimlich kurz entführten, weil wir das unbedingt hören mussten. Auch unbekannte Rückseiten, die sich oft als genau sogut herausstellten!

»Song of Joy« von Miguel Rios, einem Spanier, der den letzten Satz von Beethovens Neunter Symphonie mit dem Text von Friedrich Schillers »Ode an die Freude« auf Englisch sang, »Yellow River« von der Gruppe *Christie* und »Looking Out My Back Door« von den *Creedence Clearwater Revival.*

Und als wir dann beim Abspielen der *CCR*-Nummer uns im Spiegel dabei zuschauten, wie wir mit einer Gitarre in der Hand auf der Wohnzimmercouch herumhüpften, auf der auch Jacks gerade erstmal neun Monate alter Nachzügler-Bruder gebettet war, der durch unsere Herumturnerei aus seinem Trage-Wickel-Bettchen auf den Teppichboden gekullert war und dabei nicht einmal einen Muckser von sich gab, und wir anschließend äußerst besorgt hofften, dass er nur keinen bleibenden Schaden davontrage, lauschten wir, etwas eingeschüchtert (und nunmehr sitzend!), umso inbrünstiger der Rückseite. Und da ist es wohl passiert bei mir, auch wenn ich den Text nicht verstand und nicht zu deuten vermochte, um was es in diesem Lied überhaupt ging – dieser Song hat mich irgendwo so erwischt, wie es noch nie irgendeine Musik oder irgendetwas anderes Vergleichbares jemals zuvor vermocht hatte: »Long As I Can See The Light«. – Ich hab mich auch nicht mehr getraut, es öfter anzuhören, zu groß war der Eindruck, zu speziell erschien es mir. Ich war ganz einfach davon ergriffen.

Genau elf Jahre später, als ich in einer postpubertären Melancholie, aus Todes- oder Lebens-Sehnsucht, glaubte, mir meinen Grabplatz aussuchen zu müssen, am kleinen, entlegenen Friedhof des ehemaligen Landes-Siechenheimes in Ehrnau, das für mich schon als Kind immer eine Art Paradies, oder jedenfalls eine andere Welt war, in der Menschen völlig zeitenthoben sich in einer Oase, in einem Zwischenreich bewegten, dachte ich eher, Otis Redding mit seiner Version des Gospel-Songs »Amen« wäre das Richtige, wenigstens als Musik, aber am Sterbe-Andenken-Bild wollte ich unbedingt den Text von John Cameron Fogerty, dem Dichter, Komponisten und Leadsänger der *CCR* stehen haben, in einer steirischen Übersetzung, damit es auch alle verstehen: *So lang i is Laicht sehen kann.* Und natürlich eine Collage aus vielen Bildern, wie in einem Kinoprogramm. Man selbst quasi als Hauptdarsteller in der letzten Rolle. Geliebt und frühvollendet. Also so was wie »James Dean Revisited«.

In meinem zweiten Engagement, meiner nachgeholten Pubertät, wie ich meine Lehrjahre am Württembergischen Staatstheater in Stuttgart immer bezeichnet habe, bin ich, in einer meiner schnellsten Entscheidungen bis dahin, mit der Verkäuferin des Buchstandes im Foyer zu einem Kurzbesuch nach London geflogen, um ihre Tochter zu besuchen. Wobei ich nicht nur mit Stücken der National-Ikone Noel Coward Bekanntschaft machte, sondern auch die Musik eines Straßensängers namens Ted Hawkins, der in England gerade angesagt war, kennengelernt habe. Eine raue, vom Sand der kalifornischen Strandpromenaden beseelte Kehle, mit der er nicht nur Klassikern von Sam Cooke und den *Temptations*, auch eigenen Liedern unvergesslich Leben einhauchte. »Watch Your Step« hieß die erste LP, die ich damals aus London mitbrachte. Ein schweres Musiker-Leben, aber irgendwie doch noch mit einem *Happy end.* Und als dann sieben Jahre später sein letztes Album, das posthum veröffentlicht unter dem Titel »The Next Hundred Years« erschien, war das letzte Lied darauf eine Acapella-Version (die man nachträglich noch mit einer Slide-Gitarre unterlegte!) von »Long As I Can See The Light«. Für mich eine wahre Eröffnung – und die Bestätigung für die Richtigkeit meiner ersten Wahl, damals im Jugendzimmer von Jacks Schwester.

P.S.: Mein Vater hat bereits beim Begräbnis meiner Mutter das besagte May'sche »Ave Maria« hören wollen. Der Männer-Gesangsverein »Erzherzog Johann« Mautern, der es hätte singen können, war allerdings bei einem Adventsingen in Schwanenstadt. Der halbe Kirchenchor auch. Und so hat es dann auch geklungen.

Elf Monate darauf, bei der Beerdigung meines Vaters, meinte der Pfarrer, es wäre das von Bach/Gounod auch gut – und ich stimmte zu, da mein Vater die Version aus dem gleichnamigen Film seines Jugend-Idols Zarah Leander sehr gern gemocht hatte (die Rückseite war übrigens »Weiße Weihnacht«, Leanders deutsche Version des Irving-Berlin-Klassikers »White Christmas«, den Bing Crosby im Film gleichen Titels sang und zum Weihnachts-Evergreen machte), die bei uns alljährlich am Heiligen Abend auf den Plattenteller gelegt und mehrmals gespielt wurde!

Am Grab wollte er noch einen Zapfenstreich, den ihm der Tiffner Karl, langjähriger Multi-Instrumentalist der Tanzmusik-Kapelle »Melodie und Rhythmus«, der ersten Tanz-Band, die ich in meinem Leben gehört habe (sie spielten beides, Steirisch und Modern, und haben als Erste in der Gegend mit einem Gastsänger namens Gerald, einem Tankstellenwart aus Trieben, 1969 im Kinosaal des Gasthauses Pircher in Kalwang eine Schallplatte aufgenommen; eine

Single mit den beiden Titeln »Ich komm zu dir zurück«, Rückseite »Morgen Abend klopf ich an an deiner Tür« geblasen hat: so was im Stil von »Il Silenzio« von Nini Rosso (wie im Film bei Winnetous Tod, den ich mit Vater etwa zur selben Zeit, als sie die Platte aufgenommen haben, in ebendiesem Kalwanger Kino gesehen habe!).

Und bei der Verabschiedung, in der Leichenhalle beim Kloster, sang, von der Frau Irene, seiner geliebten Pflegerin, bestellt, der Kalwanger Viergesang. Und weil sie später am Friedhof terminlich nicht mehr konnten, gleich an der Pfarrkirchentür noch ein Lied, das allerdings jäh von einem Presslufthammer von der Baustelle des nahe gelegenen Frisiersalons Plank erstickt wurde. *Weit eini, weit aussi.* Das wollte er offenbar partout nicht hören! Die Witwe vom Gumpold Friedl, von dem es stammt, der es geschrieben und mit dem »Reiting-Trio« auch gesungen und aufgenommen hat, hat mich Wochen später einmal gefragt, ob denn mein Vater eine besondere Beziehung zu diesem Lied ihres früh verstorbenen Gatten gehabt habe, und war enttäuscht, als ich von einem Missverständnis sprach. Aber das hatte einen ganz anderen Grund, der wiederum mit der Verbreitungsgeschichte dieser Komposition zu tun hat. Und das ist eine ganz andere Geschichte.

Ich jedenfalls mache mir heute noch Vorwürfe, den letzten Musikwunsch meines Vaters nicht durchgesetzt, nicht erfüllt zu haben. Noch dazu im hundertsten Todesjahr von Karl May. Aber vorbei ist nicht vorbei!

Rainer Krispel

PROBLEMS FACED WHEN DYING*

* »Problems faced when travelling« ist ein Song der US-Band *Soulside*, von deren LP »Trigger«, 1988 auf Dischord Records erschienen.

Ich habe es schon gehört. Ein letztes Lied. »Are you lonesome tonight« von Elvis Presley. Die Live-Version aus Las Vegas '69. Aus dem Autoradio, auf dem Beifahrersitz. Ausgerechnet auf Ö3. Von Eberhard Forcher anmoderiert. Als der King die Zeilen *Do you gaze at your bald head and wish you had hair* improvisiert und zu lachen beginnt, schaue ich aus dem Fenster. Von rechts ein Auto, viel zu schnell, viel zu nahe. Ein Aufblitzen in den Augen des Fahrers, er verreißt und bekommt sein Gefährt wieder unter Kontrolle. Meine Freundin am Steuer reagiert blitzschnell, gewinnt entscheidende Zentimeter nach links – das alles in Sekundenbruchteilen, einige Momente gedehnter und zum Zerreißen gespannter Zeit. Kein Hupen, kein Crash. Fast scheint es, als würden der King samt Band und Chor abwarten, wie die Sache ausgeht. Dann lacht Elvis, die Zeit beginnt weiterzulaufen. Der King muss immer wieder lachen, kann kaum noch singen; *the world's a stage* kommt halbwegs verständlich, dann der letzte Refrain und der ausgefadete tosende Applaus. Wir sagen nichts, fahren weiter, sind am Leben, im Wagen ein bemerkenswerter Friede.

Als wäre es schon okay gewesen, wenn es das gewesen wäre, das letzte Lied.

Dabei halte ich es, was den Tod angeht, mit einem Stück der Band *Kingface* aus Washington DC, »One Truth«, in dem es heißt: *I don't ever wanna die*. So gesehen müßig, wenn nicht Verrat oder Kapitulation, über ein letztes Lied auch nur nachzudenken. Dazu den künftigen lieben Hinterbliebenen in die todwichtige Musikauswahl für die Verabschiedung zu pfuschen, die fällig werden würde, sollte ich, wider Erwarten, doch einmal sterben …

Dabei möchte die Musik-Assoziationsmaschine in meinem Kopf nur allzu gerne elaborierte Playlists zum finalen Thema ausspucken. »One Truth«, grob und doch seelenvoll zwischen Punk und Hardrock, wäre gewiss eine Option für die (bitte nicht!) Trauerfeier, die mein Nicht-mehr-Sein endgültig anerkennt. Headbangen statt gebeugtem Haupt. Für einen Punk wie mich ein Fixeintrag – »Trauertränen« vom Hamburger Trio *Torpedo Moskau*: *Einen Marmorbrocken – nicht für mich / und Trauertränen – bitte bei mir nicht / Schau in den Abgrund und denk, es ist vorbei. Was man mit der Hülle macht, ist doch einerlei.* Dann weiter nach San Francisco, weder Peace & Love noch Blumen im Sinn. Die querulanten Söhne der Stadt, *Flipper*, würden vom Leben, »Life«, dröhnen: *I, too, have sung Death's praise, but I'm not gonna sing that song anymore*. Hihi.

Aufgelegt, mir »God Save The Queen« von den *Sex Pistols* auf- oder nachzulegen. Falls dann – ab 2034 würde ich mich mit meinem Ableben einverstanden erklären – Musik überhaupt noch aufgelegt wird. Ein Mehr an »No Future«, als ich in meinem Nicht-Zustand dann erreicht haben werde, geht nicht. Aber ich mag den Gott und die Königin im Titel nicht, mit Allmächtigen und Monarchenpack will ich weder im Leben noch im Tod etwas zu tun haben. Vielleicht also doch »Die letzte Schlacht« von *Ton Steine Scherben* als letztes Lied aufrufen, eine letzte Agitation über das große Nichts hinweg. Möglicherweise ließen sich die Hinterbliebenen davon – und einer exzessiven Feier meiner schönen Leich' – dazu inspirieren, mit lachenden Herzen nächtlich das Ehrenmal von Dollfuß bei der Christkönigskirche im 15. Bezirk nachhaltig zu schänden oder abzutragen.

Im Ernst, eine Musik wäre schon schön, eine schöne Musik sowieso, wenn ich weg bin, keine Luft mehr in meinen Lungen ist, mein Herz nicht mehr schlägt, meine Augen nichts mehr sehen, mich nichts mehr berührt und ich keine Sätze wie diese mehr hervorbringen kann. Ein Song, der so schön ist und sinnlich wie dieser eine Tag in Linz, der Stadt meiner Geburt. Mit Freunden an der Donau baden, gemächlich dosenbiertrinkend im warmen Schatten eines alten Baums, beiläufig lustige Zigaretten rauchend, reden über alles und nichts. Zwei Frachtschiffe fahren vorbei, das erste heißt »Revolution«, das zweite »Vertrauen«. So müsst' er sein, der Song. Mein letztes Lied ist noch nicht geschrieben.

Markus Köhle

SARGDIRIGENT

Ein Kassettenrekorder auf dem Sarg, aus dem 45 Minuten lang die eine Nummer schallt. Ja, ein Kassettenrekorder, so viel Aufwand muss schon sein und, nein, länger wird's nicht dauern. Mehr als 45 Minuten Verabschiedung von mir ist unrealistisch. Wenn man 10 Sekunden im Schnitt pro Person rechnet, wären das immerhin 270 Menschen. Um das zu erreichen, müsste ich wohl noch ziemlich freundlich sein in den nächsten Jahren (Monaten, Tagen?). Selbst bei 15 Sekunden müssten sich noch 180 Bekannte ein letztes Mal für mich Zeit nehmen. So viel Muss ist nicht zu erwarten. Vieles hängt freilich davon ab, wie man das Tempo und die Diskretionsabstandszeit vorlegt. Das heißt, wenn die Ersten den Abschied flott durchziehen, ist damit zu rechnen, dass zügiger in sich gegangen wird als normal. Weihwasser zu spritzen und Kreuze zu schlagen gibt es ja keines und keine. An sich hat man automatisch so einen getragenen Trauermodus programmiert, der recht schleppend daherkommt. Deshalb wirken Begräbnisse auch immer so lähmend. Das kann schon auch schön sein, wenn's zu einem passt und die Personen würdevoll in Zeitlupe agieren. Aber mir und meinesgleichen entspricht diese verzögerte Taktung nicht, *noch* nicht. Noch schaut ein gesetztes Schreiten einfach nur simuliert aus, und auf Gestelltes und Gespieltes kann ich beim finalen Abgang gern verzichten. Wie auch auf dramatisches Rosenkranzschwingen und Herrgottanrufen. Ausschließen kann man derartige Eskapaden aber nicht, denn kennt man seine Bekannten so gut, dass man wüsste, ob sie nicht doch Katholizismus als Hobby in ihrem *facebook*-Profil stehen haben, eine

Hauskapelle im Keller ihr Eigen nennen oder ein besonderes Naheverhältnis zum Seelsorger pflegen? Nein. Das kann man nicht wissen, und wenn dann auch noch ein paar Beerdigungsprofis auftauchen, dürfte selbst der 15-Sekunden-Abschieds-Schnitt wackeln und es ist mehr als fraglich, ob man mit 45 Minuten durchkommt. Gut, Kassette umdrehen – kein Drama. Das könnte der Kondolenzzettelverteiler übernehmen. Da wär's natürlich schön, wenn das ein Kollege aus Flyerverteilzeiten wäre – quasi thematische Klammer. Oder statt Kränzen und Blumenspenden eben Kassetten und alle, die eine mithaben, wechseln die gerade laufende.

Warst du nicht fett und rosig, warst du nicht glücklich. Stop. Eject. Play. *Alles renkt sich wieder ein.* Stop. Eject. Play. *Achtung Fehler – Herr Erzähler.* Stop. Eject. Play. *Alles, alles, was du siehst, gehört dir, gehört dir.* Stop. Eject. Play. *Mila, Mila?! Scheiß Type!* Stop. Eject. Play. *Goodbye, my love, goodbye. Goodbye auf Wiedersehen.* Stop. Eject. Play. *Follow me, follow me, follow me, I'm the leader.* Stop. Eject. Play. *Steuermann – wir fahr'n gegen Gestern – ja und dann?* Stop. Eject. Play. *Wir sind dann Helden – für einen Tag.* Stop. Eject. Play. *Dass wir die Nacht lieben – setzt ich als bekannt voraus.* Stop. Eject. Play. *Ich hab ne Zwiebel auf dem Kopf, ich bin ein Döner, denn Döner macht –.* Stop. Eject. Play. *Kapitulation ohohoh, Kapitulation ohohoh.* Stop. Eject. Play. *Gulityyyyyyyyyyyyyyyyyyyy yah.* Stop. Eject. Play. *Ich bin müde.* Stop.

Schöner Gedanke, aber es ist mit technischen Problemen und daraus resultierenden erheblichen Verzögerungen zu rechnen – dramaturgisch also schwer umzusetzen. Außerdem gibt es sicher einen ironischen Trashvogel, der den Radetzky-Marsch oder irgendetwas von Bryan Adams mitnimmt, um zu testen, ob ich mich nicht vielleicht doch noch mal umdrehe. Wobei, auch nicht das Schlechteste. Vielleicht mehrere Kassettenrekorder? Mehrere gleichzeitig laufende Tonbänder, die dann eine einzigartige Abschiedskakophonie ergeben? *Warst du nicht … / Achtung … / Alles … / Mila! … / Goodbye … / Follow me … / Steuermann … / Für einen Tag … / Die Nacht lieben … / Döner … / Ohohoh … / Ich bin müde.* Das wär' doch was! Diejenigen, die eine Kassette beitragen, sind die MusikerInnen und gleichzeitig die KomponistInnen meines Requiems, und ich im Sarg bin der stille Dirigent.

PLAYLIST:
Die Sterne: Was hat dich bloß so ruiniert
Gustav: Alles renkt sich wieder ein
Garish: Eisenherz
Peter Licht: Alles, was du siehst, gehört dir
Die goldenen Zitronen: Mila
Demis Roussos: Goodbye, my love, goodbye
DJ Vadim feat. Yara Bravo: Leader
Viech: Steuermann
David Bowie: Helden
Mieze Medusa & Tenderboy: Im Inneren der Nacht
Tim Toupet: Ich bin ein Döner
Tocotronic: Kapitulation
Death Grips: Guillotine
Rio Reiser: Ich bin müde

Karl Fluch

ES IST EGAL

Wenn es so weit ist, ist es zu spät. Das wussten schon die Bankberater. Deshalb haben sie sich einst den Slogan »Man muss rechtzeitig drauf schaun, dass man's hat, wenn man's braucht« einfallen lassen. Dabei verströmten Bankmenschen noch nicht jenen Untergangsgeruch, den man heute mit ihnen assoziiert. Aber das führt in die falsche Grube.

Es geht um den finalen Klang, das letzte Lied. Jenes Stück Musik, das man gespielt haben möchte, wenn man von der Erdoberfläche verschwindet. *Sooner or later we all make the little flowers grow*, hat Lee Hazlewood gesungen. Recht hatte er, der Lee, selig.

Um das letzte Lied hat man sich aber vorab zu kümmern. Zu Lebzeiten. Es ist so eine Art letzter sozialer Akt. Wobei die Hinterbliebenen der Gefahr ausgesetzt sind, dass es ein letzter asozialer Akt genauso gut sein könnte. Schließlich taugt ein zu Lebzeiten von Worten und Taten erfülltes *Bei mir sads olle im Orsch daham* natürlich auch als letzter akustischer Wink mit dem Stinkefinger. Der zeitigte zumindest bei jenen Begräbnisbesuchern Wirkung, die nicht aus Anteilnahme den Weg an den Stadtrand auf sich genommen haben, sondern nur, um sich zu vergewissern, dass man endlich tatsächlich abgebissen hat. Aber sind einem die Arschlöcher des Lebens im Tod plötzlich so viel Aufmerksamkeit wert? Nein. Ein letztes Lied lässt man nicht für die Arschlöcher spielen. Nicht einmal für sich selber. Es sei denn, man hängt dem weit verbreiteten Aberglauben nach, der in Aussicht stellt, dass man die eigene Hinablassung ins Loch bereits mit Flügerln am Rücken von einer Wolke aus beobachtet. Dann wäre ein Lied von Joanna Newsom vielleicht angebracht, wegen der Harfe.

Ein letztes Lied spielt man, wenn man es denn tut, für jene, die da jetzt am Friedhof mit hängenden Gesichtern rumstehen und einen vermissen. Man hat also die Wahl zwischen Durchhalteparolen, irgendwie erhebendem Liedgut oder einer letzten Wuchtel. Zum Beispiel »Don't Stop Me Now« von *Queen*, während der Sarg ins Loch fährt. Hab ich letztens wo gelesen. Klingt lustig, geht aber nicht, weil *Queen* eine Scheißband war. Außerdem ist die Pointe im Wind, wenn man eine Einäscherung samt Verblasung der Asche irgendwo in die Pampa verfügt hat. Anlässlich dessen könnte der Soul-Mann Syl Johnson »Anyway the wind blows« singen. Das ist ein schönes Lied.

Soul wäre überhaupt eine sichere Bank. Wenn es nicht gerade Barry White ist, der schnell noch einmal Liebe machen möchte und dann sieben Minuten gottvoll stöhnt, wie sehr er sein Baby schindet. Aber so ein wenig aus dem Gospel kommende, den Himmel anschmachtende Formeln der Erlösung, die zeitigten schon Wirkung. Andererseits – nein. Man möchte nicht im letzten Moment vor der Religion in die Knie gehen. So schön Al Green »God is standing by« singt, für mich ist das nichts. Nicht einmal O.V. Wright darf ran.

Das letzte Lied ist egal. Vollkommen. Mir zumindest. Das letzte Lied ist das erste, um das ich mich nicht mehr kümmern muss. Ich hab dann ausgespielt. Die Musik gehört den Lebenden, nicht den Toten. Das letzte Lied ist Teil des Erbes, mit dem sich die Hinterbliebenen herumschlagen müssen. Das tut mir leid. Und denen vorzuschreiben, was sie einem für einen letzten musikalischen Gruß nachzuschicken haben, wäre anmaßend. So als würde man ihnen Haus und Hof vermachen, aber verfügen, wo die Topfblumen zu stehen haben.

@viennacitytypeface

Georg Altziebler

RAINY DAY WOMEN #12 & 35 BOB DYLAN

Mein letztes Lied. Ich hab meine Wahl getroffen, da war ich 16 Jahre alt. Mein Lied war noch 10 Jahre älter als ich. Eine Ewigkeit also im Teilchenbeschleuniger-Universum, das auch damals schon Pop hieß. Und schon damals aus der Zeit gefallen, musste ich meine Entscheidung nie revidieren. Sie hat inzwischen ein paar Pop-Ewigkeiten überdauert, und ich hab leidlich gelebt damit. Kein Grund, die Abschiedsfeier neu zu planen. Die Romantik der eigenen Vergänglichkeit mag an Flair verlieren, aus seiner Haut kann man schwer heraus. Gut zu wissen jedenfalls, nicht allein zu sein. Auch Bob Dylans großer, vergessener Held Blind Willie McTell hätte mich verstanden:

Folks, don't be standing 'round old Jesse crying
He wants everybody to do the Charleston whilst he's dying ...
(Blind Willie McTell / »Dying Crapshooter's blues«, 1957)

Viel Musik gehört seither, aber kein letztes Lied. Warum dann »Rainy Day Women«, dieser in Nashville aufgenommene, gleichzeitig nach New Orleans und obersteirischem Zeltfest klingende, fröhlich swingende Trauermarsch? Weil ich mir die Szene auch heute noch ohne ein bisschen Euphorie nicht vorstellen möchte. Ein letztes Mal den Mittelfinger nach oben: *Everybody must get stoned* – hier und jetzt, und wenn es so weit ist.

Gerhard Stöger

ALL TOMORROW'S PARTIES

»Wenn ich jemals sterben sollte, will ich, dass dieser Track auf meiner Beerdigung gespielt wird«, sagte Alec Empire 1995 im Popmagazin *Spex* über »Blank Generation« von *Richard Hell And The Voidoids*. »Ich bin 22, und ich weiß, dass es das Beste ist, was ich je gehört haben werde!« Die Worte des Berliner Techno-Rabauken gaben mir damals zu denken. Warum weiß er über seinen letzten Song so jung schon so genau Bescheid? Soll bei meinem eigenen Begräbnis dereinst auch Musik laufen? Böse laute Musik womöglich gar? Wie passt der düstere Glanz des New Yorker Punkpoeten Richard Hell zur hysterischen Aufgekratztheit des *Atari-Teenage-Riot*-Vogels? Und ist es nicht anmaßend, wenn er sich dieses »I belong to the blank generation« derart zu eigen machen will?

Jahre später las ich, dass sich Alan Vega »Dream Baby Dream« für sein Begräbnis wünscht, allerdings nicht in der Spätsiebziger-Originalversion seiner Band *Suicide*, sondern in Bruce Springsteens Live-Solo-Interpretation aus den mittleren Nullerjahren. Das warf keine Fragen auf. Charmant, dachte ich nur – und genau richtig. Ist »Dream Baby Dream«, dieses aus dem Punk geborene Wiegenlied für Menschen aller Altersgruppen, doch eine ganz wunderbare Begleitmusik fürs finale Abschiednehmen. Erst recht, wenn Springsteens schwermütiges Harmonium anstatt Martin Revs unermüdlich pluckerndem Synthesizer ertönt.

Und selbst? Die Antwort auf die Frage nach den drei Platten, die ich auf eine einsame Insel mitnehmen würde, fällt mir leicht. Gar keine nämlich, weil ich beides nicht möchte: ständig daran erinnert werden, dass sich all die tolle Musik da draußen für immer auf drei Lieblingsplatten reduzieren soll – und dann auch noch fürchten müssen, dass sich die irgendwann abnutzen könnten. Begräbnislied geht gar nicht, könnte man in dieser Logik also sagen – oder Thomas Bernhard bemühen: »Es ist alles lächerlich, wenn man an den Tod denkt.«

Lässt man sich doch ein auf die Lächerlichkeit, über ein Lied für die eigene Beerdigung nachzudenken, tun sich die unterschiedlichsten Möglichkeiten auf. »Blue Monday« von *New Order* beispielsweise, weil die Vorstellung etwas hat, dass die sogenannte Trauergemeinde gar nicht anders kann als am Friedhof zumindest ans Tanzen zu denken. »Gift« von *Tocotronic*, weil es unter vielen großartigen Schlussstücken ihrer vielen großartigen Platten das allergroßartigste ist. *Smogs* »Dress Sexy At My Funeral«, wegen des Gags. »DMD KIU LIDT« von *Ja, Panik*, weil es das Schlussstück to end all Schlussstücke ist und den Spieß nebenbei auch noch umdrehen würde: Anstatt dass mir jemand ins Grab nachspuckt, würde ich so quasi aus dem Grab herausspucken. Oder doch, gegenteilig gestimmt, »A Love Supreme« von John Coltrane, wegen seiner überirdischen Schönheit. Pharoah Sanders' »The Creator Has A Masterplan«, weil die alte Hippiebotschaft von Frieden, Glück, Liebe und Zufriedenheit in Kombination mit kosmisch gewordenem Free Jazz selbst einem atheistischen Möchtegernpunk wie mir Tränen der Rührung in die Augen treibt.

Nirvanas »Smells Like Teen Spirit«, weil es der herausragende Song meiner Jugend ist und ihn auch die Eingemeindung in den Classic-Rock-Kanon nicht beschädigen konnte. Etwas von Kurt Cobains alter Freundin Kathleen Hanna? Am liebsten ein Stück aus der ersten *Bikini-Kill*-Mini-LP, der besten US-Punk-Veröffentlichung der Neunziger. »Carnival« vielleicht, weil mir dieses Lied selbst beim hundertsten Hören noch eine Gänsehaut beschert, so durchdringend, aufwühlend und intensiv ist es. Oder etwas von *Flippers* Debüt-LP, dem besten Stück US-Punk der Achtziger: das zynische »Ever«, das hoffnungsfrohe »Life« (okay, falscher Anlass), das achselzuckende »Way Of The World«, das herrlich durchgedrehte »Sex Bomb«? Ein Lied von *Joy Division*? *LCD Soundsystem*? David Bowie? Nina Simone? *Fugazi*? *Soap&Skin*? Neil Young? *Kraftwerk*?

Nein, »All Tomorrow's Parties« von *Velvet Underground* soll es sein, in der LP-Version von 1967. Denn »The Velvet Underground & Nico« ist nicht nur die wichtigste und beste Platte der Popgeschichte, sondern zufällig auch mein ewiges Lieblingsalbum. »All Tomorrow's Parties« ist womöglich nicht der beste Song darauf – es gibt im Prinzip ja elf, mindestens aber sieben davon – gewiss aber bietet sich keiner besser für den Einsatz beim Begräbnis an. Über den Text von »All Tomorrow's Parties« habe ich nie groß nachgedacht, mir gefällt aber die Vorstellung, dass alleine der Titel für die Hinterbliebenen etwas Tröstendes haben könnte. Dieses eine Leben da, es mag vorbei sein, der Rest aber geht weiter. »All Tomorrow's Parties« passt vor allem wegen seiner ganz speziellen Stimmung, dieser tiefen Melancholie, aus der aber keine Verzweiflung, sondern Weitermachenwollen spricht.

Vielleicht hat seine bei aller Unruhe doch getragene und hymnische Musik, verbunden mit Nicos so unergründlichem wie unglaublichem Gesang zwischen Traurigkeit und stolz-erhabener Unerschütterlichkeit, dann ja etwas In-den-Arm-Nehmendes. Es wäre das Beste, was so ein letztes Lied leisten kann.

Irene Diwiak

KNOWING ME ...

Gerade fällt mir auf, wie wenig ich mich kenne. Ich weiß nicht einmal, ob ich ein Hunde- oder ein Katzentyp bin. Sommer oder Winter (ich fühle mich immer leicht unwohl). Kunst oder Kommerz. *Beatles* oder *Rolling Stones* – gut, da kann ich eine Entscheidung treffen, aber schon bei Lennon oder McCartney gerate ich ins Schwanken. Ich kenne mich nicht.

Und im Alltag ist das auch völlig egal. Haustiere kann man im Studentenheim ohnehin nicht halten. Auf die Hitze des Sommers bzw. die Kälte des Winters zu schimpfen gehört zum guten Ton, und der Schnee kommt sowieso nie zur richtigen Zeit. Kunst ist alles, wofür man zu wenig bezahlt bekommt, und Lennon/McCartney sind in Kombination eh am besten. Das Leben ist leicht, wenn man sich nicht definiert.

Schwierig aber wird es, wenn man eine Entscheidung treffen muss. Eine Entscheidung, die einen selbst betrifft. Und damit meine ich nicht so Lappalien wie was man zu Mittag isst oder welchen Beruf man erlernt oder wen man heiratet. Ich meine etwas wie: Welches Lied möchte man auf der eigenen Hochzeit hören?

Ich frage mich ja immer noch, was aus der Ehe der beiden Leute geworden ist, auf deren Hochzeit »Someone like you« (Adele) erklang. *Never mind, I'll find someone like you* … Irgendwie sogar ganz optimistisch: Keine Sorge, wenn diese Ehe nicht funktioniert, finde ich schon wieder jemanden. »Lieben und Ehren bis der Tod euch scheide« ist ja ohnehin schon ein bisschen überholt.

Adele auf der Hochzeit ist natürlich trotzdem eher eine Ausnahme. Ein ewiger Hochzeitsklassiker hingegen ist Leonard Cohens »Hallelujah« (bevorzugt in möglichst schmalziger Coverversion). *She tied you to a kitchen chair, she broke your throne, and she cut your hair …* Der Bräutigam soll ja wissen, was auf ihn zukommt. Und vermutlich findet man kaum einen schöneren Spruch zur Ehe als *Love is not a victory march, it's a cold and it's a broken Hallelujah*. Und man glaube ja gar nicht, erzählte mir eine Sängerin letztens, wie oft sich Brautpaare »Tears in Heaven« (Eric Clapton) wünschen. Und das ist dann schon ein wenig makaber. Clapton hat das Lied für seinen verunglückten Sohn geschrieben, und sofern nicht einer der Heiratswilligen todkrank ist (und selbst dann) eignet sich der Song nicht wirklich für eine Hochzeit, sondern mehr für ein Begräbnis.

Und das führt mich schon dorthin, worauf ich hinauswollte. Wenn es schon so schwierig ist, ein passendes Lied für die Hochzeit auszusuchen, wie sollte man dann den perfekten Song für sein Begräbnis finden? Textliche Peinlichkeiten wie die obengenannten sind ja bei Hochzeiten noch irgendwie lustig, aber bei einem Begräbnis sind die Grenzen des guten Geschmacks sehr schnell ausgereizt. Eigentlich könnte es mir egal sein. Ich kriege von meiner Beerdigung ja nicht allzu viel mit.

Von mir aus spielt »Live and let die« (Paul McCartney), »Stayin' alive« (*BeeGees*). oder was auch immer so gar nicht zu einem Begräbnis passt. Ich höre es ja nicht.

»Der Tod ist kein Unglück für den, der stirbt, sondern für den, der überlebt.« Karl Marx hat das gesagt und damit wohl recht gehabt. Auch makabre Grabmusik ist das Unglück der Überlebenden.

Man stirbt ja nur ein Mal, also ist da im Gegensatz zur Hochzeit auch wirklich nichts mehr gutzumachen. Daher habe ich beschlossen, die Betroffenen (also die, die mich überleben) meinen letzten Song auswählen zu lassen. Die Vorschläge waren teilweise klassisch (Cohens »Hallelujah«, Dylans »Knockin' on Heaven's Door« … das Einheitsprogramm für Anlässe, die man einerseits nicht zu kirchlich gestalten möchte und denen man andererseits doch so einen Hauch Geistlichkeit verpassen will), teilweise aber überraschend. Zum Beispiel dachte ich immer, dass »Fix you« (*Coldplay*) von Heroin handelt (ich höre wohl zu viel 60s-Musik). In Wahrheit aber geht es um den Tod von Gwyneth Paltrows Vater. Aber will ich wirklich ein Second-Hand-Begräbnislied? Ein letztes Lied, das schon irgendwem gehört? Aus demselben Grund scheidet neben »Tears in Heaven« auch »Candle in the Wind« (Elton John) aus (erst für Marilyn Monroe, dann für Lady Diana, endet schließlich bei Irene Diwiak?)

Ein befreundeter Songwriter schlug gleich ein Lied seiner eigenen Band vor – ein bisschen Publicity für den Fall, dass meiner Trauerfeier ein paar Plattenbosse beiwohnen.

Letztendlich entscheidet aber die Mehrheit. Und die war sich sehr einig. Das perfekte Begräbnislied für mich ist … Trommelwirbel: »Always look on the bright side of Life« (*Monty Python*)! Wer Freund des gepflegten britischen Humors ist, ist auch mein Freund. Also waren alle Überlegungen betreffend guten Geschmack sowieso umsonst. Dieses Lied wurde übrigens auch beim Begräbnis von Graham Chapman gesungen, und John Cleese war da der Erste, der es wagte, auf einer Trauerfeier »FUCK« zu sagen. Jetzt überlege ich schon die ganze Zeit, mit welchem Wort man das bei meiner Bestattung steigern könnte. Aber das ist dann ein anderer Text.

Mika Vember

DER LETZTE AKKORD

»Und wenn net morgen, dann übermorgen –
oder zumindest irgendwann:
Fang i a neues Leben an.«
Erste Allgemeine Verunsicherung

Ein schöner Cartoon zum Thema Aufschieberitis zeigt zwei Dinosaurier, die erschrocken Noahs Arche nachblicken, als diese gerade am Horizont verschwindet. Darüber eine Sprechblase mit den Worten »Verdammt – das war heute?!«.

Ich stell mir vor, so wird mein Tod aussehen. Man wird mich wohl neben einer To-do-Liste finden, auf der ich gerade noch »Verschimmelte Marmeladen entsorgen« vermerkt hatte. Ebenso auf der Liste: »Ernsthaft zu meditieren beginnen«, »Eine weitere Sprache lernen« und »Tante Mitzi nachträglich zum 70er gratulieren« (den sie vor drei Jahren begangen hat).

»Eigenes Begräbnis planen« steht auf keiner aktuellen To-do-Liste – und mit Recht: Die Anzahl der Entscheidungen, die dafür zu treffen wären, übersteigt bei Weitem das, was man dann davon hat, nämlich nichts mehr, weil man ja tot ist.

Fragen wie: Erdbestattung oder Feuerbestattung? Oder gar Gruftbestattung, Baumbestattung, Flugbestattung, Seebestattung oder Weltraumbestattung? Das wäre mal ein schönes Sparziel für den nächsten Bausparer! Und wer soll auf der Gästeliste stehen? Nein, stimmt, ist ja keine Party! (*Drinks provided but bring your own »Leichenschmaus«* würde dann auf der Einladung stehen.)

Eine einschlägige Website bietet auch eine »Eventbestattung«: »Eine moderne, zeitgemäße Verabschiedung mit moderner Musik nach Ihren Wünschen, Ansprache und einer Powerpoint-Präsentation.« (Ich frage mich, ob es mehr oder weniger kosten würden, wenn ich mir stattdessen eine Präsentation mit Overhead-Projektor wünschen würde – aus Nostalgiegründen und so.)

Worüber auch noch zu reflektieren wäre: Leben nach dem Tod: ja/nein? Davon würde nicht zuletzt abhängen, ob es eine Spaß-Party oder eine gediegene Trauerveranstaltung werden soll. Nein, das alles ist schlimmer als der Entscheidungsdruck einer Kaffeebestellung bei Starbucks und somit nichts für mich.

Aber Musik – ja, ohne Musik darf das Ganze natürlich nicht ablaufen. Und wieder: Fragen über Fragen! Wer ist mein Zielpublikum: die Trauergäste? Meine Seele, die noch eine letzte Runde über Irdistan zieht? Oder gar Gott, die ja selber angeblich DJane ist und es sicher nicht weißgott wie (also weiß sie selber wie) originell finden würde, wenn ich mir als Exit-Song »Time to say good bye«, »My way« oder »Always look on the bright side of life« wünsche würde. Dann schon lieber »Ana hot immer des Bummerl« – das würde dann auch bei meiner Radio Niederösterreich hörenden Verwandtschaft besser ankommen.

Aber im Grunde ist das eine Entscheidung, die schon 1998 gefallen ist. Als mir nämlich ein australischer Backpacker just in New Orleans ein paar Jeff Buckley-Alben in die Hand gedrückt hat, mit den Worten: »You will love this.« Hab ich dann auch.

Auf dem posthum veröffentlichten Album »Sketches from my sweetheart the drunk« covert Buckley einen Song aus den 1950er-Jahren mit dem Titel »A Satisfied Mind«.

Joe »Red« Hayes, der Textautor des Liedes, hat darin die für ihn wichtigsten Lebensweisheiten verpackt, die seine Mutter ihm mit auf den Weg gegeben hat: »Geld ist nicht alles, Glück kann man nicht kaufen« und so. Und obwohl man diese Dinge weiß, oder zu wissen glaubt: Manchmal, so scheint es, braucht es einen Jeff Buckley, damit die Worte auch da ankommen, wo sie etwas bewirken – und sei es nur, einen weiteren Punkt auf die Lebens-to-do-Liste kritzeln: »Glücklich sein«.

When my life has ended, my time has run out,
My friends and my loved ones I'll leave, there's no doubt.
But one thing for certain, when it comes my time,
I'll leave this old world with a satisfied mind.

Ironischerweise starb Jeff Buckley, bevor der Song überhaupt regulär veröffentlicht werden konnte: ertrunken in einem Nebenfluss des Mississippi. Bis heute ist nicht ganz klar, ob es ein tragischer Unfall oder Selbstmord war. Und so werden wir auch nie erfahren, ob er die Welt versöhnt mit sich und dem Leben verlassen hat. Was kann man überhaupt über einen Ertrinkenden wissen? Und was wissen wir über uns selbst?

So bleibt nur: To-do-Liste abarbeiten, auf dass am Schluss keine peinlichen Punkte übrig bleiben: »Nagelpilz bekämpfen anstatt vor jeder Badesaison schnell drüberzupinseln«, »Leben leben«, »Glücklich sein«.

Bruno Jaschke

ROMANTISCHE SCHWÄRMEREI

Heute stelle ich mir mein Begräbnis als einsame Sache vor. Das ist würdig und recht. Mir braucht buchstäblich niemand eine Träne nachzuweinen.

Es gab einen Lebensabschnitt, da dachte ich ganz anders. Da imaginierte und fantasierte ich den großen Abgang. Der besagte Lebensabschnitt ist eigentlich ein Zustand, man könnte auch Krankheit dazu sagen. Nennen wir ihn/sie einfach *romantische Schwärmerei.*

Er (Zustand)/sie (Krankheit) bricht – fast ausschließlich bei Männern – irgendwann nach der Pubertät aus und dauert bis ungefähr 25, 26. Man träumt vom frühen Exzess-Tod und von einer Beisetzung in Glanz und Gloria. Irgendwann, das hat das Fortschreiten der Zeit so an sich, wacht man auf.

Man kann romantische Schwärmerei vergleichen mit dem Glauben an den Weihnachtsmann.

Durch ihre wesensimmanente Todessehnsucht generiert romantische Schwärmerei eine Vielzahl imaginärer Begräbnis-Inszenierungen. Es gibt keine andere Phase, wo man sich geistig so häufig mit dem Abgang beschäftigt. Selbst wenn man dem Tod bereits physisch nahe ist, denkt man seltener an die Bestattung – weil man deren Ablauf üblicherweise bereits genau geregelt hat und nicht ständig neu erfinden muss. Im Wahn der romantischen Schwärmerei sind diese Vorstellungen dagegen unscharf und werden permanent verändert.

Was in solchen Phantasmen aber immer feststeht, ist das Lied, das gespielt werden soll. Meines war damals »The End« von den *Doors*. Der Band für romantische Schwärmer schlechthin.

Einen Scheiß werd ich tun, nach einer Rechtfertigung oder geistreich-ironischen Desinfektion der Peinlichkeit zu suchen. (Einen rudimentären Rest an Faszination strahlt »The End« übrigens noch heute für mich aus.) So war das damals, so war ich damals – aus, Ende.

Nachdem ich zur Kenntnis genommen hatte, dass es mit dem frühen Sterben nicht klappen würde und der Zukunft ins hässliche Maul geschaut werden musste, dachte ich nur noch selten an mein Begräbnis. Wenn, dann wurde es jeweils einfach von Favoriten beschallt, zumeist Jeffrey Lee Pierce, ob mit oder ohne *Gun Club*.

»The Midnight Promise« von *Wildweed* geisterte öfters mal in meinem Kopf rum, vermutlich einfach deshalb, weil's der letzte Song meiner Lieblingsplatte ist und allerdings – nicht unpassend – auch mit einer wirklich wunderschönen, leicht schwindsüchtigen Gitarre ausklingt. Klassischer wäre »Mother Of Earth« als Parabel für die Nichtigkeit allen Ehrgeizes mit seiner himmelwärts entschwebenden Slide-Gitarre am Ende.

Das Schöne an Pop ist, dass er einen eben nicht nur durch die Jugend und Adoleszenz geleitet – auf die man ursprünglich seine Einflusssphäre beschränken wollte –, sondern durch ein ganzes langes Leben. Großer Pop lässt nicht nur den »Summertime Blues« der Kids spüren, sondern (wie z.B. »This Is Hardcore« von *Pulp*) auch, wie die Kilos mehr und die Haare weniger werden, wie man nach der Reihe Ideale, Lebenspartner, Perspektiven und Energie verliert. Und großer Pop gibt eine Vorstellung, wie man gehen wird.

Jacques Brel hat das, für die Hinterbliebenen nicht sehr schmeichelhaft, in »Le Tango Funèbre« vorexerziert, Bill Callahan macht es auf skurrile Weise in »Dress Sexy At My Funeral«; *Franz Ferdinand* tun es gallig in »Goodbye Lovers And Friends«.

Mein Abschiedslied ist »Cremation« von Lou Reed. Seit es herausgekommen ist – 1992 auf Reeds letztem wirklich guten Album »Magic And Loss«, einem Requiem für zwei Freunde –, hat es meine Vorstellungen vom letzten Weg konkretisiert. Es ist solchermaßen genau genommen nicht das Lied, das unbedingt zu meinem Begräbnis gespielt werden sollte – das ist mir, genauso genau genommen, auch herzlich wurscht –, sondern wie ich mir mein Begräbnis ausmale: Irgendwo soll meine Asche im Ozean verstreut werden. Ich stelle mir idealtypisch die Atlantikküste der USA vor, weil es im Lied heißt: »Will the atlantic coast have it's final boast«.

Die Atlantikküste ist vermutlich logistisch und ökonomisch ebenso wenig drin wie auch nur irgendein Meer. Ich nehm' aber gern auch die Donau. *I come down the river of sadness, I come down the river of pain*. Also doch »Mother Of Earth«?

Ach, was weiß ich.

Bernhard Moshammer

BEYOND THE SEA

Intro
In meinem sechsundvierzigsten Jahr, auf dem Weg zur Arbeit. Aus meinem Kopfhörer dröhnt Jeff Lynnes Version des 1946er Klassikers »Beyond The Sea«, der englischsprachigen Adaption des Charles Trenet-Chansons »La Mer«. Das Schlagzeug scheppert kompromisslos, die Gitarren sägen orchestrale Furchen in den Äther und Mr. Lynne lehnt sich rein und schmachtet gleich Fetzen wie »Somewhere beyond the sea« und »I know we'll meet«, staubtrocken wie er das nun einmal tut. Ich biege in eine der unfreundlicheren Gassen meines Wohnviertels ein, da quietscht ein Gedanke um die Ecke, eine Vision, die mich zum Stehenbleiben zwingt:

Erste Strophe
Ich sehe mein eigenes Begräbnis vor mir, ein anständiges, herkömmliches, bei dem mein schlaffer Körper selbstverständlich der Erde übergeben wird, aus Lautsprechern ertönt ebenjenes Lied und drückt den Hinterbliebenen dicke Tränen aus den Augen und ein Lächeln ins Gesicht. Und dann passiert's: Ich stehe in der freudlosen Gasse, schlucke schwer und tue es meinen imaginären Freunden, die es nicht fassen können, dass ich von ihnen gegangen bin, gleich – ich heule. Nicht dramatisch oder hysterisch, aber eben doch. Ich gehe weiter und denke beschämt: Das war der eitelste Moment meines bisherigen Lebens!

Zweite Strophe
Gut, so schlimm ist das nicht. Mit den Jahren nistet sich eben Frau Rührseligkeit im Alltag ein, bietet sich beharrlich als Schatten oder Lebensgefährtin an, das ist nur normal. Man gewöhnt sich an sie wie an Rückenschmerzen, Haarausfall und Fett. Muss das sein? Ja, es muss. Auch wenn man denkt: Hau ab! Wozu trainiert man sich mühevoll eine gewisse intellektuelle Härte an, übersteht die süßen Jahre der Nachkommenschaft, nimmt die Vierzigerhürde mit Schwung, verdrängt den verdammten Bandscheibenvorfall, ist beinahe stolz auf seinen Terminkalender, in welchem statt Sonntag Burnout steht – nur um sich dann, just in dem Moment, in dem man sich endlich wie ein Mann fühlt, von der alten Kitschtante einlullen und zum Weichei machen zu lassen? Was will die überhaupt? Mir sagen, dass es das jetzt war, ich meinen Zenit hinter mir habe und es von nun an bergab geht? Dass ich dabei bin, zu sterben wie all die anderen?

Dritte Strophe
Zugegeben, zuweilen hilft sie einem, die kalte Welt zu spüren, die Schrecklichkeit der Dinge zu ignorieren, es einfach gut sein zu lassen. Und sie hat natürlich recht. *It's far beyond the stars* … Ein Leben lang gegen die Wirklichkeit zu rebellieren ist anstrengend. Dass man aber bei jedem Adam-Sandler-Film flennt, wenn er sich der Liebsten im Baseballstadion erklärt, oder seinen Papa in die Arme nimmt, muss aber wirklich nicht sein, liebe Rührseligkeit – du musst dich auch mal zusammenreißen! Ich meine, von der Vorstellung des eigenen Ablebens gerührt sein? Herrgott, das ist einfach peinlich. Ab in den Instrumentalteil!

Instrumentalteil
Jetzt geht's rund. Alle bezirzen den Tod, wollen ihn mit originellen Ideen ablenken, ihn mit Verve von seiner Arbeit abhalten; und ich rede hier nicht von menschlicher Angst, Fitness, Ernährung oder Erleuchtung – nein, da singen Gitarren mehrstimmig, Geigen schmieren dem dunklen Lord Honig ums Maul, Trommeln werden ruppig gestoppt und wieder angetrieben, nur um mich konsequent weiter in Richtung Ende zu schieben. Ja, ich weiß: Es gibt kein Zurück.

Vierte Strophe
Jetzt ganz ehrlich: Eingespielte Lieder auf Begräbnissen führen unweigerlich zu zweifelhaften Momenten. Ich habe als Ministrant auf sicher hundert Begräbnissen gedient, einigen privat beigewohnt und muss sagen: Der Tod ist größer als ein Popsong. Leider. Ich habe Fendrich, *STS*, die *Stones* und Elvis aus übersteuerten Kassettenrekordern eiern gehört, während die verblichenen Seligen in ihrer Kiste sich nicht mehr wehren konnten – oder sich vielleicht schieflachten, weil die Augen der Schwarzgekleideten maßlos überliefen, wer weiß das schon? Ich nicht, aber: Popmusik ist Lebensmusik. Dem Tod gebührt Todesmusik. Oder Stille. Also ist ein Lied von Jeff Lynne höchstens auf Jeff Lynnes Begräbnis angemessen. Oder? (*Happy we'll be beyond the sea …*) Ach, ist das schön!

Outro
Und wer ertönt genau jetzt, während ich diese Zeilen schreibe, aus dem Radio? Richtig – Mr. Lynne. Kein Scherz. (*Don't bring me down.* Das Internet sagt, dass er *Grooos!* singt, wo ich als Bub immer *Russss!* gesungen habe. Das alles ergibt keinen Sinn! Aber der Tod,

der ehrlose, siegessichere Hund, der macht Sinn.) Ich ergebe mich. Was weiß ich schon vom Tod. *Never again I'll go sailin'* … Das Fade out gaukelt einem immerhin Unendlichkeit vor: *No more sailin'* … Alles dreht sich im Kreis. *So long sailin'* … Ich gehe in einer freudlosen Gasse. Mein Lendenwirbel ist beleidigt. *Bye bye sailin'* … Ich schwitze, dabei ist erst Anfang Juni. Meine Glatze brennt. *Goodbye sailin'* …

Hätten Sie vielleicht ein Taschentuch?

@ffruehstueck

Clarissa Stadler

VON LETZTEN DINGEN

Bei den letzten Dingen, da kenne ich mich aus. Und zwar nicht erst seit gestern. Das Gefühl der Endlichkeit suchte mich schon in meinen frühen Kindertagen heim. Mein kleines unschuldiges Sechzigerjahre-Kordsamthosenleben hatte gerade erst begonnen, ich war vielleicht drei Jahre alt, mein Bruder gerade auf die Welt gekommen. Wir wohnten im Süden Deutschlands, meine Eltern hatten sich und uns gerade mal als Familie installiert. Da trugen sie an einem sonnigen Vormittag meine Mutter aus der Wohnung, nach hohem Fieber ins Koma gefallen. Dem Vater sagten die Ärzte bald, er möge Sterbekleider ins Krankenhaus mitbringen, die Mutter sei klinisch tot. Was in diesen Stunden genau geschah, wie mein Vater reagierte, ob damals schon eine Großmutter aus Österreich zur Unterstützung angereist kam, all das weiß ich nicht mehr. Meine einzige Erinnerung bleibt dieser sonnige Morgen und die Bahre.

Nun ist meine Mutter zwar eine Pessimistin, wie es sie kein zweites Mal gibt, ein Mensch, der nicht nur vom *worst case* ausgeht, sondern noch Steigerungsstufen dazu erfindet, aber diesen Schlimmstfall ließ sie sich dann doch nicht bieten. Zum großen Erstaunen der Ärzte kämpfte sie sich aus dem Nahtodtunnel ins Leben und zu ihrer Familie zurück.

Verlassen zu werden, mit oder ohne Bahre, fand ich dann aus nachvollziehbaren Gründen in meinem späteren Leben nicht mehr so gut. Das hat die Menschen aber nicht davon abgehalten, sich zu erschießen, an Krebs zu sterben oder nach geheimnisvollen Herzstillständen nicht mehr aufzuwachen. Weil meine Mutter geblufft hatte und wieder zurückgekommen war, habe ich das von den anderen wohl insgeheim auch erwartet. Sie blieben aber immer, wo sie sich entschieden hatten hinzugehen.

Nun stellt sich natürlich die Frage, wie das bei meinem eigenen Ende einmal sein wird. Die Zeit rückt ja unerbittlich voran, gerade noch war 1984 und jetzt laden sie mich zum 30-jährigen Maturajubiläum ein. Wenn das so weitergeht, muss ich tatsächlich bald über die letzten Dinge verfügen. Wenigstens an Liegeplätzen auf diversen Friedhöfen mangelt es nicht. Mit Jenseitsimmobilien habe ich mehr Glück als bei irdischen, es warten gleich mehrere schattige Plätzchen auf meine Gebeine. Einen großen Wunsch habe ich: Bitte mich nicht einzuäschern! Seit ich lebe, habe ich Angst vor Wasser, im Tod fürchte ich das Feuer. Ein Lied? Ja, bitte. »Denn alles Fleisch, es ist wie Gras«. Ein deutsches Requiem, von Johannes Brahms.

@mattobserve

Walter Gröbchen

DREAM GERRARD VON TRAFFIC

Die Frage nach dem letzten Lied ist eine Zumutung. Denn »alles Fleisch, es ist wie Gras« und man ist, bei allem Respekt, geneigt, augenblicklich eine krachende, knisternde, kratzende Vinyl-Ausgabe des »Deutschen Requiems« von Brahms auf den Servierteller zu legen (oder gar Mozart, *The Doors*, John Coltrane oder André Heller, Lautstärkeregler auf Anschlag und Gewehr bei Fuß), um die Sache abzubiegen. Ein für alle Mal. Die Endlichkeit existiert jenseits unserer Begrifflichkeit. Finalmente.

Setzen wir dem impliziten Pathos des launigen Frage-Antwort-Spiels also etwas zutiefst Vergängliches entgegen: eine *Facebook*-Eintragung. Denn eine solche war es, die mich auf die Idee brachte, die Frage andersrum zu stellen: Welches Lied wird kein letztes Mal erleben? Also: überdauern. Mich überdauern. Uns überdauern. Die Zeiten überdauern. Das Ende der Welt überdauern. Das Ende aller Fragen überdauern. Das Ende der Musik überdauern.

Sie merken: Wir landen schnurstracks im Irrenhaus. Was meint »Überdauern« eigentlich? Gilt nicht die grob banale, zugleich verstörend weise Erkenntnis des vielleicht größten Visionärs der letzten hundert Jahre (den man gemeinhin nur als verschrobenen Science-Fiction-Autor kennt), Philip K. Dick: »Everything in life is just for a while«? Gilt dies nicht erst recht für die Instant-Glückspillen der Populärkultur, die per definitionem nicht auf Dauerhaftigkeit und Zeitlosigkeit ausgelegt sind? Warum (und wie und wo und wozu, gemeint ist: zu welcher Tonspur) also ernstlich sinnieren über das Dies- und Jenseits, über die Existenz an sich, über Ewigkeit, Unendlichkeit, Unsterblichkeit? Und hätten dann das vageste Gefühl, die leiseste Ahnung, das absurdeste Abstraktum nicht unbedingten Vortritt gegenüber den konkreten Ausformungen unseres Daseins? Meinetwegen sogar Geistesgeburten von Engelbert Humperdinck. Sie dürfen frei entscheiden, ob damit der Spätromantiker des 19. Jahrhunderts oder der noch lebende britische Schlagersänger gleichen Namens gemeint ist.

Es war, wie gesagt, die *Facebook*-Statusmeldung eines Freundes, die mich auf die Spur brachte. Eines Freundes, der der Endlichkeit näher war und ist als wir, die wir den Tod tagtäglich verdrängen. Er hat seine Gründe, dies nicht zu tun. Die Eintragung lautete: »Schöpferisch sein heißt, dem Realen etwas zu entreißen, das uns überlebt. Und das ist sehr viel aufregender als die Refugien, die die Religion zu bieten hat. Es ist eine Art, Nein zum Tod zu sagen.« Zitatende. Ich könnte nun googlen, von wem dieses Zitat – denn als solches wurde es ausgewiesen – stammt. Aber es tut wenig bis nichts zur Sache. Worauf ich hinauswill, ist der Umstand, dass diese Sätze das Transzendente der Kunst, ihre Absicht und Essenz, ihre finale Radikalität abrupt in meinen Alltag schoben. Wie ein fehlendes Puzzle-Teil. Wie einen kühl glänzenden Mechanismus, der mit einem feinen, doch unüberhörbaren Klick-Geräusch in der Realität einrastet. Wie nichts sonst. Denn dies schien mir plötzlich auch die eigentliche Fragestellung zu sein: Was kann ein »letztes« Lied kommunizieren – über sein Verklingen hinaus?

Erinnerungen, Bedeutungen, den Nachhall einer Persönlichkeit: wohl kaum (sieht man vom Schöpfer des Liedes selbst ab). Das Vergessen ist ein unerbittlicher Prozess. Eventuell sogar ein gnädiger. Und ein Song als Vermächtnis, als Botschaft an die Hinterbliebenen, als Resümee eines Lebens oder auch nur als Kommentar, Anmerkung oder Fußnote erschiene mir arg eitel. Ironie könnte, zugegeben, diese posthume Eitelkeit mildern. Aber sie ist nur wenigen eigen. Und wird oft verkannt. Ironie ist ein Hund, so wie Glück angeblich eine warme Pistole ist. Und ein Lied ein Geschenk. Fragen Sie mal die Danaer.

Mein letztes Lied ist also eines, das keine weitere Bedeutung hat, das man kaum kennt und das bald vergessen sein wird. So wie ich selbst. Vollkommen zu Recht. Mein höchstpersönliches letztes Lied stammt von *Traffic* – ich sehe die jüngeren Generationen in *Wikipedia* stochern, die Autoren heißen Steve Winwood und Vivian Stanshall, Letzterer Gründer der *Bonzo Dog Doo-Dah Band* –, und trägt den Titel »Dream Gerrard«. Dieses Stück Musik ist, gelinde gesagt, eigenwillig. Formatradiountauglich. Überlang. Von verhaltener Dynamik (wiewohl mit lauten und flüsterleisen Passagen ausgestattet). Ästhetisch von einer dicken Staubschicht bedeckt. Und textlich von einer dezent dadaistischen Detailschärfe. Stanshall, vermutlich der Schöpfer der »lyrics«, wurde übrigens am 6. März 1995 tot aufgefunden, nachdem einen Tag vorher ein Feuer in seiner Wohnung ausgebrochen war. Die Ermittlungen ergaben, dass eine brennende Lampe umgefallen war und seine zahlreichen losen Aufzeichnungen entzündet hatte.

Ein einsamer, ein tragischer, ein lächerlicher Abgang. Er gefällt mir. Er hätte wohl auch Thomas Bernhard gefallen, der einst festgehalten hat, es sei alles lächerlich, wenn man an den Tod denke. Keine Ahnung übrigens, ob sich der überaus musikaffine Bernhard ein letztes Lied gewünscht hat: Wahrscheinlich hat man ihm die österreichische Bundeshymne ins Grab nachgeworfen. Dann doch lieber *Traffic* und dieses ominöse »Dream Gerrard«. *They won't let it be, they think it should be done with reality.*

Kurt Razelli

DIE TODESNACHRICHT

Der Tag ist gekommen. Statt einem neuen Song auf *You Tube* liest man die erschreckende Todesnachricht von Kurt Razelli. Was? Wie? Warum? Sind die Kommentare der Internetnutzer. Eine Antwort ist, weil alle einmal sterben müssen. Doch was lebt weiter? Klar, seine Songs. Und wir wissen schon aus der Vergangenheit, dass tote Künstler mehr Ruhm ernten als lebende.

Die Todesnachricht verbreitet sich in den nächsten Tagen im ganzen Land. Viele realisieren erst jetzt »Hey oida, es kommt kein neues Razelli-Video mehr«. Andere posten die ersten Songs vom Kurt, die viele noch nicht kannten und jetzt erst bei diesem schrecklichen Ereignis darauf stoßen. »Verdammt, wieso sehe ich das jetzt erst?«

Am Wochenende findet die Beerdigung statt, jeder ist willkommen. Aus den Medien hört man, dass große Persönlichkeiten erwartet werden. Der Bundespräsident sagt in seiner ersten Stellungnahme: »Ein großartiger Künstler, der unserem Land fehlen wird und nicht ersetzbar ist.« – »Er ist gestorben. Warum? Ich weiß es nicht, aber ich bin dort«, meinte Marko Astronautovic, nachdem er die Nachricht erhalten hatte. Auch die kleineren Berühmtheiten aus seinen Videos werden erscheinen. So wurde Vanessa beim Friseur gesichtet, die sich, als Zeichen der Trauer, die Haare extra für die Beerdigung barbiepuppenblond färbte. Unglaublich! Obwohl sie dunkel ist.

Der Tag der Beerdigung ist da. Die Prominenz sitzt in den ersten Reihen und es fehlt kein Star, der in den Razelli-Videos nicht vertreten ist. Der Pfarrer, der extra aus Uganda eingeflogen wurde, hält die Predigt. Er kann es sich nicht verkneifen vor so einem großen Publikum, kurz seine »PooPoo«-Rede zu präsentieren. Was aber keinen schockiert. »Weil es zu erwarten war«, meint Conchita. Im Vorfeld wurde im Internet schon heftig diskutiert, welcher Song wohl bei der Beerdigung laufen würde. »7200 Schilling, klar!«, war die häufigste Antwort. Aber konnte sich der Kurt wirklich für einen einzigen seiner vielen genialen Songs entscheiden? Oder war es überhaupt kein Song von ihm?

Der Moment ist gekommen, der Sarg wird herabgelassen. Es ertönen weich gespielte Streicher, ein sanftes Klavier mischt sich dazu, eine zarte Nissl-Engelsstimme haucht in die Musik, und als die Stimmung am Höchstpunkt ist, erklingt in vollster Lautstärke: »Der ›Kurt-Razelli-Allstar-Song‹«!

Nun ist die Zeit, dass die Trauergäste Abschied nehmen von ihrem Helden, aber sie wissen, der Kurt wird mit seinen Songs nie sterben, im Gegenteil, er wird mit ihnen weiterleben.

@enchantedapril

Ernst Molden

BILLY 4

Playin' around with some sweet señorita
Into her dark hallway she will lead ya
In some lonesome shadows she will greet ya
Billy, you're so far away from home.

Es gibt ein Lied, das habe ich tausend Mal gehört, das möchte ich noch tausend Mal hören, solange ich lebe, und wenn ich tot bin, sollen sie es auch spielen, weil warum dann etwas anderes? Es ist ein Lied von Bob Dylan. »Billy 4« heißt es. Es stammt aus dem Soundtrack zu Sam Peckinpahs Spätwestern »Pat Garrett & Billy The Kid« und damit aus der geheimnisvollsten Phase im Schaffen Dylans, Ende der Sechziger, Anfang der Siebziger. Nach Tour-Overkill und Motorradunfall hatte er sich mit Familie und besten Musikerfreunden gleichermaßen in die Natur und ins Obskurantische zurückgezogen, auch die »Basement Tapes« und »John Wesley Harding«, andere Dylan-Lieblingsalben an meinem Herzen, kommen aus dieser Zeit. Die Produzenten des Peckinpah-Films waren nicht glücklich mit der Musik. Heute gilt das Album, das neben verhuschtem, reduziertem Instrumental-Folk eigentlich nur zwei Songs enthält – das später überlebensgroß gewordene »Knockin' on Heaven's Door« und eben »Billy« in drei Versionen –, als Meisterwerk und Blaupause für zahllose Stilistiken innerhalb des weiten *Americana*-Landes.

Ich war sechzehn, als ich Film und Platte entdeckte. In beiden fand ich ein Lebensgefühl, das für mich bis jetzt gültig ist: Die Sonne scheint auf den Moment, aufs Hier und Jetzt. Den Sheriff lässt man einen guten Mann sein. Ein wilder Truthahn ist erlegt und dreht sich über dem Feuer, ein klarer Fluss fließt vorbei, der Himmel ist blau, mit einem Stich von Herbst. Die Vergangenheit ist wenig ruhmreich und überdies in Blut getränkt, und an die Zukunft denkt man auch eher nicht, denn hier gelten Will Oldhams spätere Worte: »I See A Darkness.« Aber der Augenblick, er hält: Eine Gitarre spielt, eine Harmonika kommt dazu. Man streckt die Füße ins Wasser. Und der Truthahn ist fertig.

Vordergründig erzählt das Lied »Billy« die Lebens- und Sterbensgeschichte des Revolverhelden Henry McCarty alias William H. Bonney alias Billy The Kid in erratischen Bildern. In zweiter Linie – und gerade konnotiert mit den Bildern des Films – ist es ein Hohelied der Freiheit, der Unregulierbarkeit und vor allem des Gegenwärtigen. In meinem Leben musste ich mir das Gegenwärtige schon ein paar Mal zurückerobern. Reisen und meine große Liebe, meine Frau, haben mir dabei geholfen. Aber auch dieses Lied. Darum sollen sie es spielen, wenn ich tot bin, denn bei der Transition zu dem, was nach diesem Leben kommt, was ich mir gern als das absolut Gegenwärtige vorzustellen beliebe, kann es nur hilfreich sein.

@alexair

Wilhelm Hengstler

THE WAYFARING STRANGER

Unglücklicherweise hatte ich zu Lebzeiten keine Versicherung bei der »Flamme« abgeschlossen. Mag sein, dass ich mich insgeheim für unsterblich hielt, jedenfalls fehlte, als das Sterben mich dann Lügen strafte, das Geld für das Begräbnis. Da bot es sich an, meine leibliche Hülle für wissenschaftliche Zwecke zu spenden. Und für meine in Formaldehyd zwischengelagerten Körperteile erübrigte sich jeder letzte Song. Hatte ich etwa vor meiner Geburt einen ers-ten Song gehört? Man ist entweder im Leben oder draußen, entweder im Vorher oder im Nachher … dachte ich jedenfalls.

Was ich dann als Hand im Seziersaal noch mitbekam, lässt sich am besten beschreiben als abgespeckte Version von Becketts »Ping«. Für meine Rückkehr ins musikalische Leben sorgte schließlich dieser Student, der mich aus dem Seziersaal schmuggelte. Mag sein, dass er über einen makabren Humor verfügte, mag sein, dass er sich nur vor seiner Freundin aufspielen wollte, die wenig später auftauchte. Er reichte ihr nämlich im Halbdunkel nicht seine Hand, sondern mich, das Präparat … merkwürdiges Gefühl, diese junge Hand voll Leben zu drücken. Dann lehnte er mich gegen eine Flasche Gösser, legte zur Beruhigung der Lage eine LP auf und ließ es losknistern, immer wieder. *I know dark clouds will gather 'round me*. Ich kannte natürlich Franceso Paolo DeVecchio alias Frankie Laine alias *Mr. Exitement*. Ich behaupte nicht, dass mich »Wayfaring Stranger« ins Leben zurückbrachte, aber die Nummer machte mich wieder zu einer musikhörenden Hand. Ich verlor fast meinen Rückhalt an der Flasche, als der Kerl drüben seiner Freundin die

Jeans über den Hintern herabzog. *I'm just a poor wayfarin' stranger*, vor einem langen Menschenleben – *meinem* – hatten sie »Wayfaring Stranger« oft in »Vergnügt um 11« gespielt. Ein energetisch aufgepeppter Folksong über die Sehnsucht nach dem Sterben war nicht unbedingt die ideale Nummer für eine Hausfrauensendung. Aber so war das eben, ehe die Rockmusik Ordnung in das Geschäft brachte. Und sooft dieser erste blauäugige Soulsänger aus Chicagos Little Italy die Küche mit seinem Bariton füllte, ging ich anschließend leichter über die Straße hinüber in die Volksschule.

Während der Student dem Mädchen zwischen die Beine fasste, spürte ich, ihr bescheidenes, musikhörendes Handpräparat, wieder dieses heiße Unsterblichkeitsgefühl, das Frankie Laine, dieser Virtuose von Blues bis Country, von Swing bis Soul, von Jazz bis Rock' n' Roll das erste Mal in mir geweckt hatte. Wenn er *There's no sickness, no toil or danger …* röhrte, verwandelte sich jede Niederlage, der Verlust einer Hand, ja das Sterben selbst in ein unzerstörbares, strahlendes Unsterblichkeitsleben.

Laine war purer Kitsch, aber durch seine artifizielle, melodramatische Performance wurde für mich »Vergnügt um 11« zum Voodoo der Nachkriegszeit. Er brachte meine junge, unschuldige Hand dazu, nach unten zu gleiten und mein dummes, pochendes Leben zu fassen. *I'm going there to see my mother …* der Student drüben, der mich zur hörenden Hand gemacht hatte, rutschte nun tief zwischen die Schenkel des Mädchens, weiß der Teufel, was er da suchte. *And that bright land to which I go.*

Balladen wie »High Noon«, »Gunfight at the o.k. Corral«, »3.10 to Yuma« oder »The Hanging Tree« waren die akustische Essenz von Western, für die ich noch zu klein war, um die Jugendpolizei zu täuschen. Und mit Songs wie »Deuces Wild«, »The Cry oft the Wild

Goose«, »Wanted Man« oder »Along the Navahoe Trail« entwarf der Sänger ein Kopfkino, unerhörter als alles, was es im Kino zu sehen gab. Wie der Student die Hand zum Hören gebracht hatte, schuf Frankie Laine mein Kinoleben durch Hören. Durch seine Interpretationen in »Vergnügt um 11« wurden Gary Cooper, Kirk Douglas oder Burt Lancaster für mich erst zu diesen unsterblichen Heroen. Diese unendlich künstlichen Versionen des amerikanischen Helden waren schon wieder wahrer als wahr und ließen ihn in Europa berühmter werden als in den USA. Dabei wirkte er selber völlig unheroisch, ein fetter Italoamerikaner mit fahlen Augen. Und wieder gegensätzlich zu diesem Aussehen, lebte er doch, wie er sang, war mit seiner Frau ein Leben lang verheiratet und trat als erster Weißer in der schwarzen Show von Nat King Cole auf.

Die beiden stöhnten, keuchten, schrien auf ihrem Bett, bis das Vibrieren der Bierflasche mich, meine präparierte Hand ins Rutschen brachte. *So, I'm just goin' over Jordan* … Hey City Boy, die Ewigkeit wartet! … *I'm only going over home.*

Petra Hartlieb

SÅ SOM I HIMMELEN

Am 5. Dezember um 10 Uhr ist meine Beerdigung. Das wurde mir lapidar in einem amtlichen Schreiben mitgeteilt. Und dass sie mir frühzeitig schreiben, damit ich alles in Ruhe vorbereiten kann. Das Geld für sämtliche Gebühren möge ich bis spätestens Ende Oktober überweisen und ob Feuer- oder Erdbestattung soll ich überhaupt am besten sofort bekannt geben.

Alles muss man selber machen. Immer muss ich mich um alles kümmern. Nicht nur, dass Milch im Kühlschrank ist und genügend Hundefutter zu Hause, nein, jetzt muss ich mir auch noch die Ausstattung meines Sarges überlegen.

Am 5. Dezember kann ich von meinem Mann gar nichts erwarten, da steckt der mitten im Weihnachtsgeschäft. Schlimm genug, wenn ich nicht da bin um ihm zu helfen, da kann ich ihm nicht auch noch dieses Begräbnis umhängen.

Oh Gott, um Musik muss ich mich kümmern, ich darf die Musik nicht vergessen. Egal, ich nehme einfach was super Kitschiges, Madonna, »Don't cry for me Argentina«, aber nein, das passt nicht vom Text her, ich mein', einige meiner Freunde können ja ganz gut Englisch.

Und die Rede, jemand muss eine Rede halten, und das gesamte Team ist voll im Weihnachtsgeschäft, die müssen ein Drittel des Jahresumsatzes in diesem Monat machen, die können keine Rede vorbereiten.

Da gab's doch so ein Lied von Madonna, wo sie auf einem Friedhof ist, so übers Grab hingegossen, das könnt' man doch spielen, wie hieß das noch gleich, ich erinnere mich an eine Zeile: *Little Girl, don't run away so fast – I think to forget to kiss – kiss her goodbye, Promise to try*, heißt das, glaub ich, aber das passt auch nicht, da geht's um die tote Mutter, aber die ist ja schon tot, es soll ja um mich gehen. Andererseits, Madonna wär schon cool. Ich war ja immer ein Madonna-Fan, als alle auf Punkrock und *The Smiths* und *The Cure* standen, war ich glühender Madonna-Fan. Ein bisschen heimlich, da würden sie schön schauen beim Begräbnis, wenn ich die ganzen Kitsch-Nummern von Madonna spielen lassen würde.

Also eine Rede. Wer soll die Rede halten, eine Rede muss gehalten werden, schließlich bin ich Buchhändlerin und Autorin, und so etwas kann man nicht dem Zufall überlassen. Meine älteste Freundin, nein, das geht gar nicht, die ist Ärztin und viel zu pragmatisch, die würde wahrscheinlich den Obduktionsbefund vorlesen. Ein bezahlter Redenschreiber, aber wenn mich einer gar nicht kennt, erzählt der nur Schwachsinn, vielleicht frag ich den Thomas Maurer, der kann so was und dann wird's wenigstens amüsant und er könnt's auch auf Oberösterreichisch, meiner Muttersprache, das hat er gelernt.

Ich mein, ich könnt auch dieses eine Lied spielen, das, wo ich immer weinen muss, aus dem Film mit dem schwedischen Chorleiter, dieses eine Lied, das die geschlagene Ehefrau singt, »Så som i himmelen«, aber das ist schwedisch, das versteht wieder keiner, und der Text passt auch nicht, da singt sie davon, dass sie eigenständig leben will und stark sein und das passt ja dann wohl auch nicht für meine Beerdigung.

Den Grissemann könnt' man auch noch fragen, wegen der Rede, aber der will sicher Geld dafür und es soll ja auch kein Promiauftrieb werden, da in der Bestattungshalle.

Und meine Schwester geht auch nicht, die spricht so tirolerisch, das versteht hier wieder keiner.

Vielleicht frag ich den Ernst Grandits, der kennt mich zwar nicht gut, hat aber eine so schöne Stimme.

Das Kind hört doch immer so ein trauriges Lied von den *Helden*, irgendwas mit einem Tunnel, wo die Freundin durchfährt und am Ende gibt's nur ein T-Shirt. Das ist so schön traurig, da kapier ich den Text zwar nicht ganz, aber ich glaub', es geht ums Koma und nicht ums Sterben, das passt dann auch wieder nicht. Aber schön klingt es, versteht eh keiner: *Meine Freundin war im Koma, und ich krieg nur ein lausiges T-Shirt. Es sagt: Du auch, du auch, du auch, auch du.*

Oh mein Gott, das Kind. Das braucht ja noch einen neuen Anzug und ein weißes Hemd, Kleid zieht es ja keines an, und kann man aufs Begräbnis der Mutter mit zwei verschieden farbigen Converse gehen? Wenn ich sie alleine einkaufen schicke, dann sind die Ärmel wieder zu kurz.

Und wie machen wir das mit dem Laden? Am 5. Dezember zusperren ist richtig blöd, das ist ein Tag vor Nikolaus, den Umsatz holen die nie wieder ein. Aber man kann ja nicht offen lassen, denn die Mitarbeiter sollen schon auch zur Beerdigung kommen. Vielleicht so einen Notdienst mit Stammkunden?

Und ein Lied fällt mir doch noch ein: zwei dralle Mädels mit langen Haaren, *The Unthanks*. »Here's the tender coming …«, keine Ahnung, um was es da geht, aber die singen so einen argen Dialekt, das versteht eh keiner, da ist es egal. Es klingt zumindest unglaublich traurig.

Ich kümmere mich um die Blumen, den Sarg, den Anzug fürs Kind und ein Gasthaus, wo man nachher Würstel essen kann, aber was machen wir für die Vegetarier? Gibt's ja immer mehr jetzt, und die neue Freundin vom großen Sohn ist Rohkostveganerin.

Die kann sich ja ein paar Karotten aufschneiden, ist ja eigentlich nicht meine Sorge und die Musik, die spiel ich jetzt einfach auf den i-Pod und die sollen sich was aussuchen oder B. soll was dazu- oder wegtun, die kennt sich gut aus.

PLAYLIST:
Madonna: Don't cry for me Argentina
Madonna: Promise to try
Så som i himmelen
Wir sind Helden: Meine Freundin war im Koma
The Unthanks: Here's the tender coming

@tzuio

Monique Schwitter

STERBENSKLANG

Während des folgenden Berichtes aus dem Jenseits läuft in Endlosschleife, doppelter Geschwindigkeit und mit einem Schalldruckpegel von 140 dBA der Song (Song? Nennen wir es *das Stück*) »The Sound of Dying« vom Album »Killbox 13« der amerikanischen Band *Overkill*:

Liebe. Liebe. Liebe. Liebe. Liebe. Liebe. Liebe. Liebe. Liebe. Liebe. Liebe. Liebe hat mich getötet. Was sonst: LIEBE. Alleine hätte sie das nicht vermocht (möge es wahr sein), ALL EINE, aber sie hatte eine starke Gehilfin: die Musik. Seine Musik, seine unaussprechliche, unverständliche, ungenießbare, ja: unerträgliche Thrash-Metal-Musik, die am liebsten im Verbund mit ihren hässlichen Schwestern namens Death Metal und Grindcore auftritt. Du liebe Zeit, kann das mal einer runterregeln?

Ich hätte es wissen müssen. Hinterher ist man immer schlauer. HINTERN HER. Aus dem Jenseits lässt sich leicht schlau sein. Es gab keinen Soundtrack zu unserer Liebe. Es gab seine Musik und meine Musik, fremd, polar, unverträglich.

The sound you hear / Crystal clear / Is the sound of fear / The sound of dying, DYING.

Schrei mich nicht an! Silence! Stille, endlich, bitte. RUHE! Das einzig Gute an dir ist dein Hintern. Liebe, ALL EINE, meine unsterbliche Liebe und ihre traurigen Überreste. Sie hat mich getötet, sie wird nun mit mir zu Grabe getragen. Unsere Liebe: Killerin und Gekillte zugleich. *The killer I see / Is the killer in me.* Ich hab's hinter mir. HINTERN. Es ist vorbei.

Das einzig Gute. Alles, was ist, war und sein wird. Das einzig Gute war und ist dein Hintern. Sagst du. Sagtest du. Schrei mich nicht an. Das einzig Gute wird sein: Es ist vorbei. Möge es wahr sein. ALL EINE hätte sie das nicht geschafft. Meine Liebe, meine liebe liebe, liebe Liebe – meine meine meine – ALL EINE. Gemeinsam mit der Musik! Fremd, unverträglich, *crystal clear*. Seine Musik, meine Musik; aber unsere Liebe. Das einzig Gute wird sein: Stille? Dein Hintern. HINTERN HER. Lass ab. Grubenland gewinnen! Endlich an- und aufkommen. Endlich entkommen. Lass mich hinunter. *The sound you hear.* Lass ab.

@radiotom

Kommando Elefant

SATAN GAVE ME A TACO

Also erst mal steht ja noch gar nicht fest, ob ich überhaupt sterben werde. Vielleicht bin ich ja wirklich der Gott der Liebe und das Luisozentrische Weltbild erweist sich als richtig. Planeten, Meere, Monde und Universen drehen sich alle um den schönen Luis, der ähnlich wie ein Zwetschenkern in der Mitte von irgendwas Leckerem rumgammelt und einfach nicht verrottet, wie dieser luftgeselchte Pfarrer aus Tirol. Oder wie Elvis – quasi die Yankee-Variante des luftgeselchten Pfarrers.

In diesem durchaus vorstellbaren Szenario brauche ich natürlich keinen Song für ein Begräbnis, welches so nie stattfinden wird. Wahrscheinlich kümmere ich mich einfach selber um den Soundtrack, der mein stetes Dahinsiechen begleitet. Denn genau genommen ist das Leben ja nichts anderes als eine sexuell übertragbare Krankheit, die, sofern sie chronisch verläuft, unausweichlich mit dem Tod endet.

Sollte das alles Quatsch sein, ich doch kein Gott oder so was Ähnliches bin, und mein Dasein genauso banal wie bei allen anderen einem finalen Ende entgegenstrebt, kommt gleich das nächste Problem: Himmel oder Hölle? Dementsprechend müsste der Übergang von dieser in die andere Welt unterschiedlich musikalisch untermalt werden. Eigentlich stünde mir ja ohne Diskussion der Himmel zu, weil ich immer brav in der Schule war und immer meine Teller vollständig aufaß, damit die Kinder in Afrika weniger Hunger haben. Also Himmel. Definitiv. Und natürlich reicht *ein* Song in keinster Weise aus. Allein das Aufbahren meiner Leiche, bewacht von einem Ehrenspalier der Freiwilligen Feuerwehr meiner Wahlprovinz, verbraucht bestimmt mehr als nur einen schnöden Song. Dann die ganzen Bürgermeisterreden, die Unzahl der trauernden Witwen und Waisen, die schiere Unendlichkeit an Leichenschmäusen. Ein Song! Never ever!

Oder es wird doch die Hölle. Wär irgendwie sowieso cooler. Saunalandschaft. Feuerzeuge braucht man auch nicht mehr. Hosen und Harfen werden überflüssig. Jeder, der jemals eine Gitarre in Händen hielt, kommt sowieso in die Hölle – das steht schon fest. Wegen dem infernalischen Cis. Noch schlimmer: seine enharmonische Verwechslung. Deswegen lernt man Barrégriffe auch so schlecht oder am besten gar nicht. Gott hat uns mit Würstelfingern gesegnet, die nur zum Tetschen geben taugen, damit wir gar nicht in Versuchung kommen, so perverse Fingerverrenkungen auf Gitarrenhälsen vorzunehmen. Blöderweise ist der Teufel ja auch nicht so deppat, wie er aussieht, und schuf den verdammten Ehrgeiz, der einem im Leben genau nichts bringt, außer der Verdammnis einen Schritt näher zu kommen. Und den Barrégriffen. So lang üben, bis die Finger bluten oder komplett abfallen. Und wenn man sie dann kann – spätestens dann ist es um uns geschehen.

Die ganzen Death Metler haben das völlig richtig erkannt und machen da überhaupt keinen Hehl daraus, dass sie Barrégriffe greifen können. Diese Poser. Deshalb geben sie sich ja auch gleich Namen wie *Death*, *Eye hate god*, *Obituary* oder *Vaginal Holocaust*. Damit alle gleich sehen können, dass es eh schon wurscht ist, und sie sowieso beim Luzi auf der Gästeliste stehen. Wir anderen Trottel kommen da erst drauf, wenn es zu spät ist, und wir uns in der Schlange vor der Höllenpforte anstellen müssen, darauf hoffend, dass irgendein Typ mit seinem Trolley vorbeimarschiert und illegal gekühltes Bier verkauft, während Luzis Gästelisten-Haberer auf superwichtig an uns vorbeimarschieren, um ins 666 reinzukommen. Wir anderen dürfen nur ins 667 – Neighbour of se Beast.

Ich denke, wenn es dann wirklich so weit ist, dass ich beschließe, das Atmen einzustellen, wäre mir das so was von wurscht, zu welchem Hit der 90er die Besucher meines Begräbnisses heulen, lachen oder tanzen. Ich möchte sowieso mit meinem Walkman begraben werden, damit das Totsein nicht ganz so fad ist.

Und bestünde wirklich der infernalische Wunsch der Anwesenden, mein ganzes Dasein, Tod und Lebendigkeit, die Welt und die astrale Projektion derselben auf einen Song herunterzubrechen, wenn dem Friedhofs-DJ nichts mehr einfällt und sofern er überhaupt Musikwünsche spielt, dann würde ich mich für einen philosophisch-bescheuert angehauchten Song des US-Barden mit Namen *Beck* entscheiden: »Satan gave me a taco«.

Luis von Kommando Elefant

Wolfgang Pollanz

DER TODGEWEIHTE
ODER
TRÄNEN IN DEN AUGEN

»Unter allen, die sterblich sind, kreist doch das Leben, weil sie sich, den Läufern gleich, die Fackel weitergeben.«
Lukrez, De rerum natura

Ich erinnere mich, dass ich schon sehr früh, in ganz jungen Jahren, die Vorstellung hatte, mein eigenes Begräbnis beobachten zu können, alles von irgendwoher mit anzusehen: Wer weint um einen, wem ist mein Tod völlig egal, wer, von dem man es erwartet hätte, kommt gar nicht, wer trauert alleine im Stillen? Ja, ich war auf meine Art schon immer ein Romantiker. Und dann stellt man sich vielleicht auch noch vor, wie das alles ablaufen soll, man denkt sich eine Choreografie aus, will ein letztes Mal der Regisseur sein, Kontrollfreak also bis zum Schluss (auch wenn man sich im Leben nicht immer unter Kontrolle hatte). Für Abschiedsreden, gut, da kommen der und der und die und die in Frage, vorausgesetzt, sie überleben mich. Ich selbst habe schon einmal eine gehalten für einen sehr guten Freund; es war der schwerste Auftritt meines Lebens bisher und ich beneide niemanden, der die an meinem Grab halten wird; höchstens dafür, dass er oder sie erst nach mir sterben wird. Dann noch ganz banal: Erdbegräbnis, Feuerbestattung, auch da sollte man sich vorher festlegen. Und natürlich, ganz wichtig, die Musik! Die sollte man, wenn sie einem im Leben so wichtig gewesen ist wie mir, keinesfalls den Nachkommen oder wem immer überlassen. Der Begräbnissong, das letzte Lied, das steht fest, soll eine finale Visitenkarte des eigenen guten großartigen Geschmacks sein (dass man den hat, daran glaubt man ja fest), einer, für dessen Auswahl man sich nicht schämen müsste, wenn man noch könnte, einer, der all das sagt, was einem wichtig war im Leben. So weit die Theorie.

Aber welcher Song soll wirklich bei meinem Begräbnis gespielt werden? Nachgedacht darüber habe ich schon des Öfteren und meine Auswahl hat sich im Lauf der Jahre immer wieder verändert, das ist wohl die einzige Konstante. Ganz früh, fällt mir ein, ich war noch keine fünfundzwanzig, dachte ich an »My Name Is Death« von der *Incredible String Band*; das ist mir bis heute nicht peinlich, auch wenn die Gruppe später als die Gottseibeiunse der Hippie-Ära verschrien waren. Einige ihrer Platten mag ich noch immer und ein paar Zeilen aus genau diesem Song habe ich einmal als Motto für einen Roman verwendet, den ich in jungen Jahren geschrieben habe; dass er nie veröffentlicht wurde, hielt ich damals für einen Skandal, heute für ein Glück. Schwamm darüber, um verpasste und nicht verpasste Chancen im Leben geht es hier nicht, das ist eine andere Baustelle.

Viele Jahre später, hinter mir hatte ich gerade meine erste midlife crisis, in der ich mir eine Stromgitarre zulegte, weil ich glaubte, ich müsste in der zweiten Hälfte des Lebens noch etwas Sinnvolles machen, hörte ich zum ersten Mal Johnny Cashs Version von »In My Life« von den *Beatles* auf »American IV«: »The Man Comes Around«, und konnte mir nichts Berührenderes vorstellen als diesen Song, den er kurz vor seinem Tod aufgenommen hat. Ich hörte ihn zehn Mal hintereinander und mir kamen die Tränen bei Zeilen wie »there are places I remember« und »some are dead and some are living, in my life I've loved them all«, die der alte große Mann mit brüchiger Stimme sang. Ich stellte mir vor, wie all die Trauergäste kollektiv ebenfalls in Tränen ausbrechen würden. Irgendwann wurde mir bewusst, dass ich im Alter eine immer stärker werdende Affinität zu Lieblingsliedern hatte, die mir das Wasser in die Augen trieben. Ich bin nun mal ein alter sentimentaler Depp! »Man of the World« von *Fleetwood Mac* ist auch so ein tear-jerker, ebenso wie »Rocket Man« von *Pearls Before Swine* (nach einer Science-Fiction-Kurzgeschichte von Ray Bradbury, in der der Vater bei einem Weltraumflug in die Sonne stürzt), »Love of My Life« von *Queen* in der Fassung von Norma Waterson, der Grande Old Dame des britischen Folk, oder »Beauty«, geschrieben von Rufus Wainwright, gesungen mit weitem Herzen und unkitschigem Sentiment von Linda Thompson, deren persönliche Geschichte von Demütigung und Verlust der Stimme selbst schon traurig genug ist.

Aber will ich das wirklich? Dass sich die Begräbnisbesucher einen Song anhören müssen, der mir, dem Verstorbenen, einst auf die Tränendrüsen gedrückt hat? Sollen meine melancholischen Anfälle, die mich von Zeit zu Zeit heimsuchen, auch noch mein Begräbnis versauen? Gott bewahre, würde ich sagen, wenn ich an einen glauben würde. Nein, ich entscheide mich lieber für »Le Moribond« von Jacques Brel, ein Chanson also über einen Todgeweihten. Das klingt, zugegeben, jetzt auch nicht gerade furchtbar aufmunternd. Doch das Lied hat etwas Heiteres, ist keine Totenklage. Die Melodie kennen wahrscheinlich viele, es war in der englischen Fassung von Terry Jacks als »Seasons in the Sun« irgendwann einmal ein Hit. Diese Version ist aber von einer weinerlichen Rührseligkeit und wird regelmäßig unter die schlechtesten Popsongs aller Zeiten gewählt. Brels Original ist frei von diesen falschen Gefühlen, es ist eine ein wenig sarkastische Abrechnung mit dem Leben von einem, der weiß, dass er bald sterben wird, »je vais mourir« heißt es gleich in der ersten Strophe. Er verabschiedet sich von seinem Freund, mit dem gemeinsam er dieselben Mädchen und dieselben Weine besungen hat, vom Priester, mit dem er nicht immer einverstanden war, und er sagt auch noch Antoine Adieu, obwohl dieser der Liebhaber seiner Frau war, von welcher er sich, »les yeux fermés«, verabschiedet, ein letztes Mal schließt er die Augen, schaut er weg. Doch dann kommt der Refrain, der großartige Refrain, in dem sich der Sterbende mit einer melancholischen Heiterkeit wünscht, dass man lachen, dass man tanzen, dass man sich wie verrückt amüsieren solle, aus den Tränen der Trauer sollen welche der Freude, der Lebensfreude werden:

Je veux qu'on rie
Je veux qu'on danse
Je veux qu'on s'amuse comme des fous
Quand c'est qu'on me mettra dans le trou

So soll es sein.

ADDITIONAL PLAYLIST:
The Youngbloods – Darkness, Darkness
McGuiness Flint – When I'm Dead And Gone
Julie London – Cry Me A River
Aphrodite's Child – It's Five O'Clock
Laibach – Take Me To Heaven

@claudio.x

DIE HERAUSGEBER

WOLFGANG KÜHNELT
geb. 1967, gelernter Soziologe. Lebt als Texter, Autor, Ghostwriter, Journalist und Blogger in Graz. Herausgeber des Kulturmagazins Der Haubentaucher, www.haubentaucher.at. Zuletzt veröffentlichte er Angerichtet. Das schaurig-schöne Dasein als Restaurantkritiker und als Co-Herausgeber mit Andrea Stift: Grazer Beislballaden.
www.commercial.at

© Rudi Ferder

WOLFGANG POLLANZ
geb.1954 in Graz, lebt als Schriftsteller und Kulturmacher in Wies, Steiermark. Herausgeber der edition kürbis und von pumpkinrecords. Diverse Preise, zuletzt Hanns-Koren-Preis 2013. Bücher (Auswahl): Die Autos meines Vaters (Prosa, 2003), Das Seufzen meiner Mutter (Prosa, 2005), Felden. Ein Roman (2012), 33 Songs (Essays, 2013), Die Undankbarkeit der Kinder (Prosa, 2014).
www.pollanz.com

DIE AUTORINNEN UND AUTOREN

GEORG ALTZIEBLER
geb. 1960 in Graz. Musiker bei *Son of the Velvet Rat*. Lebt in Graz und Yucca Valley, USA. Letztes Album: *live tape*, monkey./roughtrade
www.sonofthevelvetrat.com

MARTIN AMANSHAUSER
geb. 1968 in Salzburg, lebt in Wien und Berlin, schreibt Romane, Sachbücher und Reisetexte, u.a. jeden Freitag im *Schaufenster* der *Presse* die Kolumne *Amanshausers Welt*. Neues Buch: *Falsch Reisen, alle machen es. 100 Geschichten*, 2014.
www.amanshauser.at

© Conny Habbel

AUSTROFRED
geb. 1976 in Steyr, OÖ. Lebt und arbeitet in Wien und München. Bereits mit 16 Jahren steht der gelernte Speditionskaufmann zum ersten Mal auf einer Rockbühne. Mit seinen Austropop-Veredelungen der größten Hits der Rockgruppe *Queen* gelingt Austrofred schließlich der Durchbruch. Heute zählt Austrofred zu den wichtigsten Medienkünstlern Österreichs. Zuletzt erschienen: *Hard on!* Roman (Czernin, 2013).
www.austrofred.at

ERNST MARIANNE BINDER
geb. 1953 in Mostar, Jugoslawien; Autor, Regisseur; lebt in Graz. 1975 starb seine Frau Marianne; seit damals trägt er ihren Namen.

MARTIN BLUMENAU
geb. 1960 ist ein österreichischer Journalist und Radiomoderator. Öffentlich in Erscheinung tritt Blumenau als Moderator der FM4-Sendungen *Zimmerservice* und *Bonustrack*.

© Philipp Horak

BORIS BUKOWSKI
ist als Drummer, Sänger, Songwriter, Musikproduzent und Ex-Studiobesitzer ein Pionier der österreichischen Rockmusik. Seine Songs wurden auf elf Alben und unzähligen Best-of-Samplern veröffentlicht. 2013 erschien sein erstes Buch *Unter bunten Hunden*.
www.bukowski.at, facebook und Wikipedia

IRENE DIWIAK
geb. 1991 in Graz. Studium in Wien. Seit der Kindheit schon einige Literaturpreise eingeheimst, u.a. bei der Jugendliteraturwerkstatt Graz (2005, 2008), Sprichcode (2008), Literaturwettbewerb *Schreibkraft* (2011), FM4-Wortlaut (2013). START-Stipendium des bmukk (2013).

KARL FLUCH
Jahrgang 1967. Kein Kurzbiografienleser, kein Abschlusszeugnisexhibitionist.

WALTER GRÖBCHEN
geb. 1962, ist Verleger und Journalist in Wien. Gemeinsam mit Partnern betreibt er die Musik- und Kommunikationsagentur monkey. Letzte Buchveröffentlichung: *Wien.Pop* (2013, gemeinsam mit Thomas Mießgang, Florian Obkircher und Gerhard Stöger). www.monkeymusic.at

PETRA HARTLIEB
geb. 1967. Pressefrau und Literaturkritikerin in Wien und Hamburg. Seit 2004 betreibt sie mit ihrem Mann die Buchhandlung Hartliebs Bücher in Wien. Zusammen mit dem Berliner Journalisten Claus-Ulrich Bielefeld schreibt sie im Diogenes Verlag die Krimi-Reihe: *... ein Fall für Berlin und Wien*. Letzte Veröffentlichung: *Meine wundervolle Buchhandung*, 2014.

WILHELM HENGSTLER
geb. 1944. Lebt als Schriftsteller, Kulturkritiker und Regisseur in Judendorf. Bücher (Auswahl): *fare* (2003), *Pisco Sour* (2012). Stücke: *Poetical Science* (2004) *SOROS* (20013). Filme (Auswahl): *Tief Oben* (1995, 35mm), *Hanns durch die Zeit* (2006). Theaterregie: *Und Leonardo* (2012). Preise (Auswahl): 1970 Literaturpreis d. Stadt Graz, 1972 Theodor-Körner Preis. Viennalepreis 1989, Manuskriptepreis 2004

© S. Fischer

PIA HIERZEGGER

geb. 1972 in Graz. Seit1993 Ensemblemitglied des Theater im Bahnhof Graz, seit 1996 Improvisationsschauspielerin ebendort. Schauspielerin, Regisseurin, Autorin und Moderatorin. Theaterstücke u.a. *Sound of Seiersberg* (Schauspielhaus Graz 2007) und *Graz. Alexanderplatz* (Theater im Bahnhof 2012) sowie Drehbuch zu *Her mit dem schönen Leben.* Div. Auftritte in Film- und TV-Produktionen.

© Tamara Starl-Latour

BRUNO JASCHKE

geb. 1958 in Irdning, lebt als freier Journalist und Autor in Wien. Schreibt u.a. regelmäßig Musik-Geschichten in der *Wiener Zeitung*. Letzte Buchveröffentlichungen: Die Erzählbände *Katastrophen* (2010) und *Im Arsch daheim* (2014), beide im Arovell Verlag erschienen.

MARKUS KÖHLE

geb. 1975, Redakteur der Literaturzeitschrift *DUM*, dienstältester Poetry Slammer Österreichs, Kolumnist der Straßenzeitung *20er*, Herausgeber u. Autor. Zahlreiche Veröffentlichungen, Stipendien und Preise. *Dorfdefektmutanten* (2010), *Mundpropaganda* (Hg. mit Mieze Medusa, 2011), Hanno brennt (2012).

KOMMANDO ELEFANT

Die Band Kommando Elefant wurde 2007 von Alf Peherstorfer und Bernhard »Luis« Pasching gegründet. Nach drei Studienalben und unzähligen Live-Konzerten im In- und Ausland zählt die Band mittlerweile zu einem der bekanntesten Aushängeschilder einer prosperierenden österreichischen Musikszene. Lesen Sie auch: *Das große Elefantenlesebuch* (2013). www.kommandoelefant.at

© experiment literatur/wels

RAINER KRISPEL
Seit 1967 (Linz), seit 1995 Resident-Wiener, seit jeher Musiker und Musik/Textarbeiter. Bands T.O.D., Seven Sioux, The Red River Two u.a., aktuell: The Clashinistas. Zwei Kinder, ein Roman (Der Sommer als Joe Strummer kam, Edition Kürbis) more to come, Romane, Kinder kaum …
www.facebook.com/RainerKrispel

© Philipp Horak

ERNST MOLDEN
geb. 1967, Dichter und Liedermacher. Veröffentlichte bisher acht Bücher und zwölf Alben. Mehrfach ausgezeichnet, u. a. mit dem österreichischen Förderungspreis für Literatur und dem Preis der deutschen Schallplattenkritik für sein Album ES LEM. Lebt mit seiner Familie in Wien-Erdberg.

© Reinhard Werner

BERNHARD MOSHAMMER
geb. 1968 in St. Pölten. Schreibt, singt und spielt Ukulele. Er produziert gerne CDs (u.a.: Fame & Success mit Mika Vember, 2009; zuletzt L, 2011) und macht Musik für das Burgtheater und das Fernsehen (Schlawiner). Alles über Mr. Davis (2014) ist sein vierter Roman. Moshammer lebt mit seiner Familie in Wien.
www.bernhardmoshammer.com

KLAUS NÜCHTERN
schreibt seit 1989 für die Wiener Stadtzeitung Falter, wo er seit 1990 das Kulturressort leitet und von 1998 bis 2012 auch die Funktion des stellvertretenden Chefredakteurs innehatte. Seine populäre wöchentliche Kolumne Nüchtern betrachtet erscheint auch in Buchform. Letzte Veröffentlichung: Früher waren die Friseure frecher. (2013)

© Magdalena Blaszczuk

FRITZ OSTERMAYER
geb. 1956 in Schattendorf/Burgenland, jahrelang Musik- und Kulturredakteur bei diversen Zeitschriften und Zeitungen, seit Ewigkeiten Radiomacher und Moderator (derzeit: *Im Sumpf* auf FM4). In dringlicher Mission auch noch tätig als Musikant, Autor, Kurator und künstlerischer Leiter der *Schule für Dichtung*. Kurz: fuhrwerkt, wo man ihn lässt.

© Michaela Mandel

KURT PALM
geb. 1955 in Vöcklabruck. Lebt als Autor und Regisseur in Wien. Zuletzt: *Bringt mir die Nudel von Gioachino Rossini. Kein Spaghetti-Western*, 2014, *Kafka, Kiffer und Chaoten*, Spielfilm, Österreich 2014.

THOMAS PETRITSCH
ist Komponist und Produzent. Mit seinem Projekt *Effi* spielt er seit 2010 überaus erfolgreiche Clubtouren und zahlreiche Festivals in ganz Europa. Seine bisher zwei veröffentlichten Alben wurden in den Medien vielfach gelobt. Er steuerte den Soundtrack zum Film *Die unabsichtliche Entführung der Frau Elfriede Ott* bei.

KURT RAZELLI
TV-Sampler und Video-Künstler Razelli lässt keinen Zweifel, dass Musik überall und in allen Lebenslagen schlummert. Mit feinem rhythmischem Gespür analysiert und musikalisiert er Fernsehbeiträge mit Wortspenden von Politikern, Sportlern, Promis und Menschen mit besonderen Mitteilungsbedürfnissen. Das Resultat sind Pop-Hits, die auf *YouTube* die Massen amüsieren.

© Gong Yingxin

CHRISTIAN Y. SCHMIDT
geb. 1956, war Redakteur bei *Titanic*. Zu seinen Veröffentlichungen zählen: *Zum ersten Mal tot* (2010) sowie die China-Bücher *Bliefe von dlüben* (2009), *Im Jahr des Tigerochsen* (2011) und *Im Jahr des Hasendrachen* (2013). Zuletzt erschien *Allein unter 1,3 Milliarden – Eine chinesische Reise von Shanghai nach Kathmandu* in neuer Ausstattung. Schmidt lebt in Peking und bisweilen in Berlin.

© Matthias Oertel

MONIQUE SCHWITTER
In Zürich geboren, lebt als freie Autorin in Hamburg. Abgebrochenes Germanistikstudium. Dann Theaterregie und Schauspiel in Salzburg. Bis 2010 an den Schauspielhäusern von Zürich, Frankfurt, Graz und Hamburg. Veröffentlichungen: *Wenn's schneit beim Krokodil* (2005), *Ohren haben keine Lider* (2008) *Himmels-W* (2008), *Goldfischgedächtnis* (2011).

© Christian Jungwirth

JOHANNES SILBERSCHNEIDER
geb. 1958 in der Steiermark, studierte Schauspiel an der Hochschule f. Musik u. darstellende Kunst und am Max-Reinhardt-Seminar in Wien. Theaterengagements führten ihn u.a. nach Zürich, Hamburg, München und Graz. 2012 ehrte ihn die Diagonale mit dem Großen Diagonale-Schauspielpreis. 2014: *Großer Josef-Krainer-Preis* zuerkannt. U.a. Rollen in TV- (z.B. in der Serie *Trautmann*) und Filmproduktionen (z.B. *Bad Fucking*, 2013).

CLARISSA STADLER
geb. 1966, Journalistin und Autorin, Radio, Zeitungen, Fernsehen, Moderation des *Kulturmontag* in ORF 2. Roman: *N. Eine kleine Utopie*, 2005. Lebt in Wien.

© Christine Andorfer

LINDA STIFT
geb. 1969 in Wagna, lebt als Schriftstellerin und Lektorin in Wien. Veröffentlichungen in Anthologien und Zeitschriften. Bücher: *Weihnachten für Fortgeschrittene* (Hrsg.), Anthologie, 1999; *Kingpeng*, Roman, 2005; *Stierhunger*, Roman, 2007; *Alle Wege* (Hrsg.), 13 Romgeschichten, 2010; *Kein einziger Tag*, Roman, 2011.

© Bernd Matschedolnig

GERHARD STÖGER
1974 in ein kleines Kärntner Dorf namens Himmelberg hineingeboren, lebt mit einer Frau, zwei Kindern und vielen Schallplatten in Wien-Ottakring. Er ist Redakteur der Wiener Stadtzeitung *Falter*, Kolumnist des Magazins *Datum* und einer der Autoren des 2013 im Falter-Verlag erschienenen Buches *Wienpop*.

MIKA VEMBER
geb. 1979 in NÖ. Nach einjährigem Aufenthalt in den USA Studium der nordamerikanische Literatur. Von 2006 bis 2008 Sängerin und Percussionistin der Indie-Pop-Formation *Clara Luzia*. 2007 veröffentlichte sie ihr erstes Soloalbum *Now or Now*, 2010 erschien *Our Lady of the Loops*. Derzeit arbeit sie an ihrem dritten Soloalbum. Mika Vember lebt in Wien.

LITERATUR FÜR DIE EWIGKEIT

Vanessa Wieser (Hg.)
WIEN SCHÖN TRINKEN
36 Wiener Lokale mit Herz

Wir bauen der Wiener Fortgehkultur ein literarisches Denkmal!
36 Geschichten aus der aktuellen Lokalszene, mit Fotos und Serviceteil.

In diesem originellen Lokalführer werden 36 aktuelle Wiener Lokale vorgestellt. Witzig und einfühlsam beschreiben 36 Lokalmatadore ihre Lieblingskneipen, Lieblingsgasthäuser und Lieblingscafés. In den literarischen Beiträgen geht es um die Stimmung im Lokal, um Beobachtungen, Kontaktaufnahmen, belauschte Gespräche, schrullige Kellner, resolute Wirtinnen. Jeder Autor erzählt seine im Lokal erlebte Geschichte. Grafisch ergänzt wird das Buch durch Fotos von Anna Schoiswohl.

Beiträge von: Austrofred, Sebastian Fasthuber, Manfred Gram, Jürgen Lagger, Nino aus Wien, Maik Novotny, Mieze Medusa, Ernst Molden, David Pfis-ter, Manfred Rebhandl, Robert Rotifer, Rokko, Clarissa Stadler, Cornelia Travnicek, Mika Vember, Peter Zimmermann u. a,

Kurzweilig und sehr charmant beschreiben darin u.a. Clarissa Stadler, Manfred Rebhandl, Mieze Medusa, Ernst Molden oder Schmähreißer Austrofred ihre Lieblingslokale. Eine aufschlussreiche Entdeckungsreise durchs nächtliche Wien.
Format

Launig, augenzwinkernd und vor allem humorvoll.
Ostthüringer Zeitung

LITERATUR FÜR DIE EWIGKEIT

Bernhard Moshammer
DIE ZUKUNFT WIRD KEIN HONIGLECKEN
Ein Familienroman

Die Mittelschichtserde bebt: Als Lotte, 44, sich nach einer verhängnisvollen Geburtserfahrung mit ihrem zweiten Sohn körperlich wie seelisch am Boden sieht, verlässt ihr Mann, der Dramaturg Lutz, 46, sie wegen einer Vierundzwanzigjährigen. Anselm, 16, eröffnet daraufhin seinen Eltern, dass er sich fortan um das Kind seiner Freundin, Nadja, 18, kümmern will. Die Familie scheint – wie alles im Jahr 2011 – dem Zusammenbruch entgegenzusteuern.

Dann passiert Unerwartetes: Lotte trifft eine radikale, nachhaltige Entscheidung, Lutz sagt Burn Out und haut ab nach Sylt, Anselm schreibt ein vielversprechendes Theaterstück. All dies ist für Lottes Eltern, die fest der Meinung sind, dass der dekadente Fatalismus der Gegenwart uns alle direkt in die Hölle führen wird, bloß Bestätigung. Soviel ist der gesamten Familie klar: Die Zukunft wird kein Honiglecken!

Sehr locker geschrieben, nach dem Spaß merkt man, wie weise das Buch ist.
Kurier

Das Auseinanderdriften einer Mittelschichtfamilie vergleicht Bernhard Moshammer mit der Kontinentaldrift. Ein rasanter, humoristischer Roman.
Die Presse

Gedruckt mit freundlicher Unterstützung durch

WIEN KULTUR

KULTUR LAND OBERÖSTERREICH

A–1080 Wien, Wickenburggasse 21/1-2
www.milena-verlag.at
ISBN 978-3-90295-015-4

Jörg Vogeltanz, www.vogeltanz.at – Umschlaggestaltung
CPI books GmbH, Leck – Druck und Bindung

Weitere Titel und unser Gesamtverzeichnis finden Sie auf www.milena-verlag.at

MILENA Verlag

HEFTIGE BÜCHER FÜR HEFTIGE MENSCHEN